产业结构调整
与雾霾污染治理

郑
悠
——
著

中国财经出版传媒集团

经济科学出版社
Economic Science Press

图书在版编目（CIP）数据

产业结构调整与雾霾污染治理/郑悠著 . －－北京：
经济科学出版社，2023.5

ISBN 978 - 7 - 5218 - 4746 - 8

Ⅰ. ①产… Ⅱ. ①郑… Ⅲ. ①产业结构调整 - 研究 -
中国②空气污染 - 污染防治 - 研究 - 中国 Ⅳ. ①F121.3
②X51

中国国家版本馆 CIP 数据核字（2023）第 081005 号

责任编辑：周国强 张 燕
责任校对：易 超
责任印制：张佳裕

产业结构调整与雾霾污染治理

郑 悠 著

经济科学出版社出版、发行 新华书店经销
社址：北京市海淀区阜成路甲 28 号 邮编：100142
总编部电话：010 - 88191217 发行部电话：010 - 88191522
网址：www. esp. com. cn
电子邮箱：esp@ esp. com. cn
天猫网店：经济科学出版社旗舰店
网址：http://jjkxcbs. tmall. com
固安华明印业有限公司印装
710×1000 16 开 13 印张 200000 字
2023 年 5 月第 1 版 2023 年 5 月第 1 次印刷
ISBN 978 - 7 - 5218 - 4746 - 8 定价：68.00 元
（图书出现印装问题，本社负责调换。电话：010 - 88191545）
（版权所有 侵权必究 打击盗版 举报热线：010 - 88191661
QQ：2242791300 营销中心电话：010 - 88191537
电子邮箱：dbts@ esp. com. cn）

前　言

作为最大的发展中国家，中国经济迅速发展，同时环境问题日益突出，尤其是雾霾污染问题。目前，我国的大气环境持续改善，全国平均霾日数、霾天气过程影响面积均减少，党的二十大报告中指出，"过去五年我国的生态环境保护发生历史性、转折性、全局性变化"。但是相较于发达国家，我国的工业化历程较短，产业结构调整任重道远，生态环境保护任务依然艰巨，要深入推进环境污染防治，坚持精准治污、科学治污，持续深入打好蓝天保卫战。作为污染控制和环境保护的根本途径，产业结构调整对于加快发展方式绿色转型，深入推进环境污染防治极其重要。全面把握中国产业结构调整对雾霾污染的影响具有理论和现实的双重意义。

本书首先从理论上构建产业结构调整对雾霾

污染影响的框架模型；其次，基于相关统计数据描述中国产业结构及雾霾污染的典型化事实；再次，利用空间计量模型和地理加权回归模型，分析区域内及区域间产业结构调整对雾霾污染的空间溢出效应；然后，结合社会网络分析法，实证检验产业结构调整对雾霾污染的产业关联效应；最后，引入面板门槛效应模型，探讨中国产业结构调整对雾霾污染的非线性影响，进而为中国治理雾霾污染的产业结构调整建言献策。

本书研究主要得出以下结论。

（1）产业结构调整对中国雾霾污染的影响存在显著的空间依赖性特征和空间异质性特征。基于探索性空间数据分析法，发现产业结构升级存在空间辐射效应；中国雾霾污染存在着显著的空间溢出效应。应用地理加权回归模型，发现中国东部、中部和西部地区产业结构调整对雾霾污染影响具有异质性特征。在东部地区，产业结构高级化和产业结构合理化具有减霾效应；在中部地区，仅产业结构合理化具有减霾效应；西部地区的产业结构调整对雾霾污染的影响不显著。相对以往空间视角下环境污染研究，多是针对于区域内部的溢出效应，本书在此基础上，对两两异质性区域间产业结构减霾溢出效应的进一步研究，构建区际经济地理权重矩阵下空间计量模型分析发现，东部—中部和中部—西部地区间，产业结构高级化对雾霾污染具有正向的空间溢出效应，而产业结构合理化在东部—中部、东部—西部及中部—西部地区间具有显著的负向空间溢出作用。

（2）产业结构调整对中国雾霾污染产业关联效应明显。通过产业关联理论和修正的引力模型构建产业联系下雾霾污染产业关联网络发现，相比2008年，2018年雾霾污染产业关联密度及其溢出关系减少，联防联控协同治理政策效果初显。中国雾霾污染产业关联网络整体特征呈现出低密度、高稳健性的特点，产业关联渠道较多，网络结构较为完整，网络等级平缓，地区间雾霾污染产业关联溢出影响较为直接。应用QAP分析法研究产业关联下产业结构调整对雾霾污染的影响，发现产业结构调整关联程度越大，产业结构调整对雾霾污染的负向作用越强（正向作用越弱）。

（3）产业结构调整对中国雾霾污染的影响在第一产业和第二产业发展的不同阶段存在差异，存在非线性（门槛效应）特征。基于扩展的 STIRPAT 模型，应用面板门槛模型，分析发现产业结构高级化对雾霾污染的效应仅受第一产业发展的影响，当第一产业占比大于门槛值时，产业结构高级化具有减霾效应。产业结构合理化雾霾污染效应受第一产业和第二产业发展程度影响，当第一产业占比越过第一门槛值时，产业结构合理化具有增霾效应，而当第一产业占比越过第二门槛值时，产业结构合理化具有减霾效应；当第二产业占比低于门槛值时，产业结构合理化具有减霾效应。

（4）资源依赖和科技创新是产业结构调整对雾霾污染效应的影响因素。根据"标准结构"理论和主导产业理论，以异质性科技发展为门槛变量，将资源依赖作为交叉项，构建产业结构调整影响雾霾污染的面板门槛模型，发现资源依赖会扭曲产业调整对雾霾污染的影响。异质性科技创新中的环保技术进步能够修正资源依赖对产业结构调整的扭曲作用；节能技术发展到一定程度时会导致产业结构调整增霾效应的出现。这为相关围绕区域产业结构调整的配套政策提供进一步参考。

最后，本书在实证研究的基础上，分别从单一区域和区域联防联控视角提出雾霾污染治理的产业结构调整政策。

目 录

第 1 章

绪　　论

1.1　产业结构调整与雾霾污染治理的背景和意义

1.1.1　研究背景

改革开放以来，中国经济社会发展取得了举世瞩目的成果，但环境问题也广受关注。2013 年 1 月在中国大范围发生的雾霾天气对人们身体健康、生产活动、生活方式、出行交通等都产生了巨大的影响（Mackerron and Mourato，2009；Shi et al.，2016；刘晓红，2018），严重影响了社会的有效运行。

　　雾霾污染影响人体健康，可入肺颗粒物 $PM_{2.5}$ 经由呼吸道进入人体，会引发呼吸道炎症等病症，也会引发恐惧心理，对人们的身心健康都会造成一定的影响（Zhou et al.，2014；Feng et al.，2016；Zhang et al.，2019）。世界卫生组织下属国际癌症研究机构在 2013 年 10 月发布的报告中，$PM_{2.5}$ 被首次认定为普遍和主要的环境致癌物（马丽梅和张晓，2014）。2013 年，空气污染在中国造成了 14.37% 的年平均寿命的缩短。美国健康效应研究所发布的《2019 全球空气状况》报告显示，在 2017 年，全世界接近 500 万人因长期暴露于室外、室内空气污染，死于中风、心脏病、肺癌、糖尿病和慢性肺病，中国因此死亡的人数为 120 万人，该报告同时指出在中国，空气污染在健康风险因素中位列第四。

　　雾霾污染影响生产和生活，雾霾一方面会由于影响人们身心健康而降低劳动生产率，从而引起各类商品的生产成本增加；另一方面会降低中国城市的形象，从而影响中国引进国外高科技人才，导致潜在生产力损失（魏下海，2017；陈生明，2019）。与此同时，2013 年冬天，多地小学生因为雾霾污染身体不适，学校被迫取消室外活动。为了应对雾霾污染，2014 年，北京国际学校耗资 500 万元修建装有空气过滤系统的室内运动馆，保护学生不受雾霾污染影响。之后，多个地区的学校在雾霾天取消了室外运动，转为室内运动（王鲁峰，2016），在雾霾污染严重时，学生会进入室内锻炼，避免吸入过多入肺颗粒物等污染物。

　　雾霾污染影响交通安全，雾霾污染严重时，空气中飘浮大量悬浮颗粒，增强了对光的反射和散射作用，降低能见度，视觉偏差出现，影响驾驶员的判断，容易出现交通阻塞，导致交通事故率增高（刘桂丽等，2016；齐庆华和蔡榕硕，2017）。与此同时，因为雾霾问题出现的"雾闪"现象曾导致京广铁路一度断电，影响行车安全。

　　中国政府对雾霾污染治理高度重视，《2014 年国务院政府工作报告》指出，应针对细颗粒污染物进行防治，精准定位关键环节，深入贯彻落实大气污染防治行动计划。中共中央、国务院在 2015 年相继发布了《关于加快推进生态文明建设的意见》和《生态文明体制改革总体方案》。2018 年 5 月，在全国生态环境保护大会上，习近平总书记强调，"要把解决突出生态环境问题作为民生优先领域。坚决打赢蓝天保卫战是重中之重，要以空气质量明显改善为刚性要求，强化联防联控，基本消除重污染天气，还老百姓蓝天白云、繁星闪烁"①。目前，我国大气环境持续改善，全国平均霾日数、霾天气过程影响面积均减少。党的二十大报告指出，"生态环境保护发生历史性、转折性、全局性变化，我们的祖国天更蓝、山更绿、水更清"。

由于中国以往的经济增长方式都较为粗放，积累的环境问题具有复合型、综合性、难度大的特点（Duzgoren-Aydin，2007；邵帅等，2016；邓慧慧和杨露鑫，2019）。习近平总书记也在党的二十大报告中强调，"持续深入打好蓝天、碧水、净土保卫战。加强污染物协同控制，基本消除重污染天气"②。相较于发达国家，中国工业化历程较短，生态环境保护任务依然艰巨，要深入推进环境污染防治，需要坚持精准治污、科学治污。作为污染控制和环境保护的根本途径，产业结构调整对于加快发展方式绿色转型，深入推进环境污染防治极其重要（苗圩，2012）。目前，我国产业结构偏重，产业结构调整任重道远，准确把握产业结构和雾霾污染的关系，分析产业结构调整的雾霾污染效应，产业结构精准调整能够为推动我国生态环境状况得到根本改善提供现实参考。

1.1.2 研究意义

生态环境问题归根到底是发展方式的问题，党的二十大报告强调，"要

---

① 坚决打好污染防治攻坚战推动生态文明建设迈上新台阶 [N]. 人民日报，2018 - 05 - 21.
② 刘毅. 持续深入打好蓝天保卫战 [N]. 人民日报，2022 - 12 - 07.

推进美丽中国建设"，"统筹产业结构调整、污染治理、生态保护、应对气候变化"。如今中国已经度过了工业化发展的初期阶段，需要重视产业结构环境效应，以此为基础进一步科学精准地调整产业结构，使中国经济和环境协调发展。深入分析中国产业结构调整的雾霾污染效应具有理论和现实的双重意义。

1.1.2.1 理论意义

雾霾污染治理，不仅是环境保护的需要，而且是提升经济发展质量的内在要求（陈诗一和陈登科，2018）。以往传统产业结构优化理论多是单纯以经济增长为目标，因此本书在产业结构理论基础上，综合运用环境经济学、产业经济学、区域经济学和空间计量经济学等多个学科的理论知识，从空间关联和产业关联双重视角探索产业结构调整对雾霾污染的影响，并分析产业结构变化过程中，产业结构调整对雾霾污染的阶段性影响，探索产业结构减霾效应阶段性变化的影响因素及作用机理，对于完善和补充产业结构优化理论研究具有重要意义。

1.1.2.2 现实意义

深入治理环境污染问题，必须调整产业结构，科学地转变经济发展方式，并建立相应的长效机制（邵帅等，2016）。因此，本书研究分析了产业结构调整影响雾霾污染空间效应、产业关联效应、门槛效应及造成其阶段性特征的影响因素，以此准确把握产业结构调整的方向对于加快经济发展方式转变、实现减霾目标具有重要的意义。在此基础上，进一步提出单一区域及区域间协同的产业结构调整政策建议，为雾霾污染区域联防联控长效机制的建立，跨区域有效"治霾"合力的形成提供政策参考。

1.2　国内外研究现状

1.2.1　经济发展与环境污染的相关研究

传统粗放型的经济发展模式带来的污染问题在第二次世界大战后引发了人们的反思。经济学家庇古（Pigou，2003）就提出了"谁污染谁付费"的理论，他认为，污染排放者应当被征税或收费，以将环境外部性问题内部化。科斯（Coase，1960）认为，市场交易成本为零是资源配置最优点，因此产权如果被明确界定，经济行为主体的外部性就能被解决，这也被称为"科斯定理"。克罗克（Crocker，1966）验证了科斯定理的正确性，并将其用于解决空气污染问题。排污权交易的概念首次由戴尔斯（Dales，1968）提出，排污配额应当出售给企业，以此解决环境污染的外部性。紧接着，"生态经济学"的概念被提出（Boulding，1968）。福雷斯特（Forrester，1971）、梅多斯等（Meadows et al.，1972）分别在《世界动态学》和《增长的极限》中提出，环境将进一步恶化，自然资源的限制将使经济发展达到极限，反过来又会限制经济发展。

之后学者们建立了许多量化模型，试图探寻环境污染和经济发展之间的关系，世界银行发展报告（1992）分析了经济发展水平和环境的关系。霍尔茨－埃金和塞尔登（Holtz-Eakin and Selden，1995）针对大气污染物和经济发展的关系，应用了二次回归模型进行评估。结论是一致的，均认为在经济发展水平较低时，二氧化硫（SO_2）和烟尘等大气污染物随着经济发展而增加，即收入增长伴随着污染加重；当经济发展至较高水平时，二者呈负相关关系，即收入增长时，环境问题反而会改善。这两项研究都得出了环境污染与收入存在倒"U"型关系的结果。接着，格罗斯曼和克鲁格（Grossman and Krueger，1995）在研究发达国家和发展中国家在人均 GDP 和环境指标的关系时，以简化回归模型进行分析，得出的结论也证实了经济与环境的关系呈现出倒"U"型。在库兹涅茨曲线（Kuznets curve）的基础上，班乃友（Panayoyou，1997）进一步提出了环境库兹涅茨曲线（environmental Kuznets curve，EKC），这个曲线表现为人均收入与环境污染之间的倒"U"型关系。之后许多学者基于来自不同国家或地区的面板数据对 EKC 理论进行了检验，进而对不同地区的经济发展水平与环境之间的关系进行探讨（Lopez and Mitra，2000；Hartman and Kwon，2005；Kasman and Duman，2015）。耶布里等（Jebli et al.，2016）发现 1980～2010 年，25 个 OECD 成员国中人均二氧化碳排放量随着 GDP 的增长呈倒"U"型曲线发展。如阿塔索伊（Atasoy，2017）在 1960～2010 年基于美国 50 个州的情况检验了 EKC 假设的有效性。

还有其他学者认为，经济增长与环境污染物之间的关系是"N"型、"U"型或其他（Kaufmann et al.，1998；List and Gallet，1999；Stern and Common，2001；Galeotti et al.，2006；Kumar and Managi，2009；Miah et al.，2010；Kearsley and Riddel，2010；Bölük and Mert，2015；Apergis，2016；Gill et al.，2018）。弗里德尔和格茨纳（Friedl and Getzner，2003）根据澳大利亚 1960～1999 年的面板数据，利用协整检验，发现经济增长与污染之间的关系为"N"型。布雷泽等（Brajer et al.，2008）使用 SO_2 污染年均浓度面板数据集对 EKC 的存在进行了测试，发现在部分地区 EKC 曲线呈倒"U"型，在部分城市呈"N"型。约翰和佩切尼诺（John and Pecchenino，1994）采用低收入与优质环境交叠模型进行实证研究，分析发现经济发展和环境呈"V"型关系：在经济发展的初期，环境快速恶化，而经过拐点后，经济与环境质量同步发展提升。斯托基（Stokey，1998）也得到类似的研究结果，通过静态优化模型分析经济发展和污染的关系，呈倒"V"型关系，他发现，在经济发展到一定阶段后对环境的影响开始逆转，其原因可能在于技术进步。耶格和科赫（Jaeger and Koch，1998）研究表明，当经济发展到达某一个阈值后，经济发展会有效降低环境污染程度，认为经济发展与污染呈现出倒"V"型关系。阿斯拉尼迪斯和西帕帕迪斯（Aslanidis and Xepapadeas，2006）分析了 1929～1994 年美国 SO_2 和氮氧化物（NO_X）数据，利用面板数据进行静态平滑转换回归，发现在经济发展的初期，NO_X 排放随着经济增长而增长，在中后期随着经济增长，排放量增加值有所减缓；SO_2 排放在经济发展的初期和后期达到最高点，整体呈倒"V"型关系。

近些年来，越来越多的学者开始关注空气污染 EKC 理论在中国是否存在的问题。黄等（Huang et al.，2008）观察到转型期经济体的经济发展和温室气体排放呈现曲棍球曲线趋势。彭立颖等（2008）分析了上海市经济发展和污染物的关系，以 1981～2005 年的时间序列数据为样本，分析发现环境质量和人均 GDP 的关系呈倒"U"型，其中 SO_2 污染的拐点出现在人均 GDP 3325 美元，而烟尘污染的拐点在人均 GDP 204 美元。张成等（2011）发现，中国的 SO_2 排放与人均 GDP 关系符合 EKC 假设，呈现出倒"U"型关系，其临界点为 6639 元。阿佩尔吉斯和厄兹特克（Apergis and Ozturk，2015）根据 GMM 方法，检验 14 个亚洲国家的环境库兹涅特曲线假说，并证明了污染物排放量与人均收入之间存在倒"U"型关系。齐绍洲和严雅雪（2017）应用面板门槛模型，构建了 $PM_{2.5}$ 污染的 EKC 模型，发现中国城市间 EKC 曲线存在异质性，部分城市呈现倒"U"型关系，部分城市呈现正"U"型关系。同时期也有部分学者持不同意见，认为经济发展和空气污染间没有 EKC 关系。马树才和李国柱（2006）以空间 EKC 曲线回归为基准模型，分析了 1986～2003 年工业废气排放与人均 GDP 的关系，没有发现拐点，认为倒"U"型关系不存在。可以发现倒"U"型关系并非完全适用于所有国家和地区，不同发展时期的不同国家和地区的情况并不完全相同，具体问题需要具体分析，研究二者之间的关系时需要以当地情形为准。

1.2.2　产业结构与经济发展的相关研究

最早，库兹涅茨（Kuznets，1957）对比多个国家数据，认为人均国民收入随着制造业发展而增长。罗斯托（Rostow，1962）认为，在经济增长因素的方面，主导产业的扩散效应具有推动效用，同时产业结构的调整也会对经济增长有显著影响。丹尼森（Denison，1967）认为，经济增长中产业结构的优化推动效用十分显著，在统计了美国 1929～1957 年数据的基础上，他认为美国在该时间段内的经济增长有 12% 来自结构优化。之后有学者进一步对产业结构进行趋势分析、机理分析，深入研究了产业结构调整对经济增长的效应（Maddiso，1987；Syrquin and Chenery，1989；Fagerberg，2000）。刘伟（1995）通过对比发达国家与发展中国家的历史数据发现，在工业化发展初期，制造业的发展对其经济发展起主要推动作用，在这期间，第三产业的主要任务在于补充市场的空缺，完善市场化。佩内德（Peneder，2003）通过分析多个 OECD 国家的数据，得出在 1990～1998 年这个时间段内，这些国家在经济增长方面产业结构变动的影响并不明显，而生产效率和产出能力高的行业的扩张能够促进经济增长。刘伟和张辉（2008）认为，中国经济的稳定增长需要提高第一、第二产业的生产效率，不能仅仅依靠第三产业带来的短期经济增长。田红等（2009）以山东省为研究对象，在处理了 1953～2004 年的数据后发现，产业结构的调整对经济增长有正向影响，但近年来产业结构的调整主要目的在于增加其经济增长的稳定性，在直接推动经济增长上并不显著。郑若谷等（2010）认为，产业结构的调整对经济增长有基础性的刺激作用，通过利用柯布－道格拉斯生产函数分析产业结构的变动对经济增长的影响，得出产业结构调整在长期来看可以持续推动经济增长的结论。林毅夫（2012）发现，主导产业升级能促进经济增长。周明生（2013）研究各产业发展和经济增长的关系，利用回归分析法，发现第二、第三产业的结构升级会显著促进经济增长。汪伦（2017）建立 1990~2015 年三次产业数据的向量自回归模型（VAR），三次产业投资能够长期稳定地促进经济增长。

部分学者研究认为产业结构调整能够促进经济发展方式转变。吴敬琏（2005）通过对市场数据的整理分析得出，生产性服务业的发展可以从多个角度促进经济发展方式的优化升级。吴敏娜和付中元（2011）对四川省内数据进行研究，运用经济—环境基尼系数计算得出，附加值更高的第三产业更能有效支持经济的可持续发展。严武和丁俊峰（2013）从产业结构和经济发展方向的角度研究 1979~2010 年广东省产业结构优化轨迹，发现产业结构升级与经济发展相互促进。武建新和胡建辉（2018）将产业结构调整纳入随机前沿生产函数的分析框架，发现对于经济的绿色增长来说，产业结构的优化有显著的促进作用。杨仁发和李娜娜（2019）从马克思主义政治经济学视角出发，研究发现产业结构变迁对经济质量增长的作用显著，产业结构是实现经济从高速增长向高质量增长转变的重要路径。

1.2.3 产业结构与环境污染的相关研究

随着经济与环境、经济与产业结构研究的深入，越来越多的学者开始探索产业结构和环境污染间的关系。美国学者格罗斯曼和克鲁格（1991）发现，在经济发展过程中，产业结构效应是环境重要的影响因素之一。自此，学术界开始关注产业结构调整与环境问题的关系。布鲁因等（Bruyn et al., 1998）认为，经济结构调整不仅能减少污染排放，还能够促进经济发展。周景博（1999）以北京市为例分析产业结构现状对环境的影响，发现产业结构对环境有较大的影响；科普兰和泰勒（Copeland and Taylor, 2004）提出了新的环境污染的分解方程式，指出一个地区的环境污染除了受其经济的影响也要受产业结构的影响；刘荣茂等（2006）从污染排放的角度出发，通过对中国 1991~2003 年的省级数据进行整理研究得出，调整产业结构可以有效节能减排，从而减少环境污染；奥斯特黑文和布鲁尔斯马（Oosterhaven and Bro-ersma，2007）认为，产业结构升级是环境污染水平降低的最主要原因；傅京燕（2009）认为，产业平均污染密度对产业结构的调整较为敏感。

在产业结构和环境污染关系的实证研究方面，有部分学者认为产业结构调整与环境污染存在线性关系。何枫和徐桂林（2009）使用 Tobit 模型进行实证分析，发现工业化发展和雾霾污染有正相关关系；陈和张（Chen and Zhang，2010）分析了中国的碳排放情况，利用投入产出模型对 2002～2005 年中国碳排放量的数据进行处理，得出污染密集型企业比重下降显著地降低了碳排放量，认为产业结构调整有利于减少污染。明升和尤鲁（Mingsheng and Yulu，2011）从产业组织结构的微观层面验证了产业结构的调整可以降低污染排放；李姝（2011）统计 2004～2008 年中国各省的数据，应用 GMM 方法分析发现，产业结构调整与环境污染之间显著相关；之后还有不少研究学者以 SO_2、NO_X、碳排放、PM_{10} 浓度等污染物作为被解释变量，认为产业结构调整能够减少环境污染（郭朝先等，2012；马丽梅和张晓，2014；张宇和蒋殿春，2014；张可和豆建民，2015；艾小青等，2017；Chen et al.，2019）；石磊等（2017）建立 VAR 模型，以脉冲响应函数使用北京市 1999～2015 年的数据分析产业结构和污染物排放的问题，认为对于不同的污染物，第二、第三产业的比重变化带来的影响不一样，尽管都可以显著降低污染，但持续效果是存在异质性特征的；董等（Dong et al.，2018）、刘和林（Liu and Lin，2019）在考虑到空间溢出效应的基础上，应用空间计量方法分析发现产业结构调整能够降低污染。部分学者认为产业结构调整与环境污染存在空间异质性特征和非线性特征，胡飞（2011）以 1999～2009 年的各省级面板数据为样本，分析得出产业结构升级对中国中部和东部地区环境污染的降低能力有限；方齐云和曹金梅（2016）认为，产业结构和人均碳排放之间有省域异质性，利用建模对各省人均碳排放的拐点时间进行了测算；王少剑（2020）应用地理加权回归模型分析 2015 年省级面板数据，发现产业结构对雾霾污染存在显著的空间异质性影响。李鹏（2015）指出，倒"U"型曲线可以用来模拟产业结构升级和污染排放量之间的关系，他对 2004～2012 年各省数据进行实证研究后，认为产业结构在早期恶化了中国的环境污染，随着经济的增长，产业结构调整对环境污染会出现抑制作用。

随着雾霾对人们的生活影响变大，目前有部分学者开始关注产业结构与雾霾污染之间的关系。冷艳丽和杜思正（2015）通过实证分析发现，产业结构优化能够减少雾霾污染；何小钢（2015）通过对中美数据进行对比分析发现，中国产业过度重型化是形成雾霾的主要原因。杜等（Du et al.，2018）对 27 个省会城市的面板数据进行分析发现，产业结构调整能够显著减少雾霾污染。程中华等（2019）应用门槛面板模型发现，产业结构合理化对减少雾霾污染效果不强，但产业结构高级化能够有效减少雾霾污染。还有部分学者认为，产业结构与雾霾污染之间存在非线性关系，戴宏伟和回莹（2019）应用空间计量模型分析发现，京津冀地区的产业结构与雾霾污染呈现倒"U"型特征。

1.2.4 环境污染空间效应、产业关联效应与门槛效应相关研究

（1）环境污染的空间效应。空间计量权威学者安瑟林（Anselin，2001）认为，空间因素对环境经济问题十分重要。马德森（Maddison，2006）运用空间计量方法，衡量了 SO_2、NO_x 等污染物指标后得出，国与国之间污染防治情况有很明显的空间效应。侯赛因等（Hossein et al.，2011）处理了 1990～2007 年亚洲国家的空气污染数据后，利用空间计量方法分析得出空间因素在空气污染领域十分显著。马丽梅和张晓（2014）应用空间计量的方法，将大气污染物 $PM_{2.5}$ 和 PM_{10} 作为研究对象，发现其空间相关性显著，应当引起重视。目前还有部分学者利用空间分析考察大气污染的空间数据与区域经济发展指标的关系。鲁帕辛哈等（Rupasingha et al.，2004）通过空间相关性和

空间溢出性考察了美国人均收入与污染物之间的关系，发现结论与 EKC 曲线一致，随着收入的持续增加，污染物最终会再次增加。普恩等（Poon et al.，2006）使用空间计量经济学将 SO_2 和烟尘为研究对象纳入环境库兹涅茨模型中进行实证，发现其空间效应在中国省域间确实存在，同时与经济发展的倒 "U" 型关系及区域空间溢出效应也存在。杨海生等（2008）采用空间计量模型对中国 46 个城市环境与经济间的空间依赖关系进行 EKC 型验证分析。之后陆续有学者利用空间计量分析中国省域间的环境与经济之间的关系（苏梽芳等，2009；林伯强，2009；安虎森等，2014；Dong et al.，2018；Liu and Lin，2019），还有部分学者利用空间计量对中国与周边国家（地区）的环境与经济发展指标进行分析（国涓等，2009；全世文和袁静婷，2019），这些学者均认为，环境污染物与经济发展指标关系存在空间溢出效应。

（2）环境污染的产业关联效应。由于产业结构理论对于分析经济发展问题存在许多局限性，对于工业化发展成熟的国家来说依据该理论已不足以提供有效的政策建议。之后学者们开始探寻新的理论，在对产业结构变迁现象的深层次剖析后发现产业关联效应可以有效解决问题。王岳平和葛岳静（2007）认为，产业结构演化过程是国民经济发展的外在表现和特征，而产业关联效应是产业结构变动进而促进经济发展的内在原理。新饭田宏等（1990）开始应用投入产出法分析区域经济的产业关联效应，接着国内和国外均有学者应用投入产出法对区域间产业联系效应进行了分析（彭连清，2008；吴福象和朱蕾，2010；殷瑞瑞等，2016；齐亚伟和陈洪章，2017）。而随着区域间产业关联互动，区际的要素投入、生产技术以及需求偏好变动，导致污染物在区域间的溢出（徐韵琨，2018）。部分学者分析了地区内部产业联系对污染物的影响，赖楠（2016）通过假设抽取法，分析发现 SO_2、NO_x、烟粉尘等空气污染物会实现跨行业排放转移，行业间污染拉动影响显著。徐志伟（2016）和王艳华等（2019）对污染物和产业关联程度之间的关系进行了实证分析，认为区域间产业关联程度的提升能够减少外部性，有助于增强地区之间污染减排。目前尚未有学者对地区间雾霾污染产业关联效应展开探究。

（3）环境污染的门槛效应。现有部分学者认为，产业结构升级与环境污染物排放总量之间存在倒"U"型曲线关系（李玉文等，2005；冷艳丽和独思正，2015）。在此基础上，张军和郭希宇（2020）以能源效率为门槛变量，发现产业结构升级对中国环境污染的影响存在基于能源效率水准的双重门槛效应。张和马（Zhang and Ma，2020）以 GDP 作为门槛变量，发现产业结构与碳排放存在门槛效应。梅峰等（Meifeng et al.，2020）选择了不同的门槛变量，发现山西省产业结构合理化对空气质量的改善效果先降后升。汪和王（Wang and Wang，2021）以人口老龄化为门槛变量，发现产业结构与碳排放之间存在门槛效应，在人口老龄化的不同阶段具有不同的碳减排效应。目前较少有研究涉及产业结构对雾霾污染门槛效应。

1.2.5　文献评述

由以上文献综述可见，对于环境和经济发展之间的关系已经有了大量研究，部分学者认为环境污染与经济增长呈现出倒"U"型曲线关系，还有部分学者论述了环境污染与经济增长或产业结构之间的"V"型曲线、"N"型曲线等关系，并没有一个统一的模型可以适用于不同国家和地区的情况，研究二者之间的关系需要具体问题具体分析；经济发展伴随着产业结构演变，而部分学者认为产业结构调整是转变经济发展方式的重要路径。与此同时，环境污染不只涉及单一地区的环境污染，并且会通过空间溢出、产业关联等机制发生转移和扩散，从而影响到周围区域。在此基础上，部分学者关于产业结构与环境的关系开展了研究。但是以往的研究角度缺乏全面性，本书发现已有的研究存在以下不足。

首先，缺乏异质性区域内部产业结构影响环境污染空间依赖性的相关研究。已有空间视角下产业结构影响污染的研究，多是单纯考虑空间依赖下产业结构影响环境污染的，或是单纯考虑产业结构影响环境污染系数的区域异质性特征，另外也有将中国划分为几大区域进行研究的案例。但是鲜有文献在考虑产业结构对雾霾污染影响的空间异质性特征的基础上，对区域内部和区域间产业结构调整影响雾霾污染的空间依赖性特征作出进一步研究。由于雾霾污染会通过大气化学、大气环流等作用，发生空间上的转移和扩散从而影响到周围区域，就要求在进行产业结构调整政策时考虑到将属地管理与区域联动相结合，而中国地域辽阔，地区间经济基础、资源禀赋、文化背景差异很大，产业结构调整对雾霾污染影响可能存在空间异质性特征。因此，在空间异质性的基础上分析区域内部和区域间产业结构调整对雾霾污染的空间溢出效应有利于本书研究为决策者提供更加准确有效的政策参考。

其次，较少有文献在考虑地区间产业关联的同时研究产业结构对环境污染的影响。以往有关于产业关联下污染物的影响因素研究，多是建立某单个地区的污染物多部门投入产出关联网络，鲜有对区域间产业关联作用下产业结构对雾霾污染影响的研究。产业结构调整的实质就是产业之间相互的变动和调整，区域产业结构调整势必会通过产业关联影响其他区域的产业结构。分析产业结构调整对雾霾污染产业关联效应，能够更加准确地了解产业结构调整对雾霾污染的影响。

最后，缺乏产业结构与环境污染非线性关系驱动机制研究。现有产业结构环境效应影响评价研究中，仍有较多文献采用线性分析法进行估计，暗含着不同阶段的产业结构环境效应具有同质性的假设，尽管有部分文献对产业结构调整影响雾霾污染的非线性特征进行了研究，但是很少有研究在此基础上扩展到国家及区域的内部层面，也没有进一步探究产业结构环境污染阶段性效应的影响因素。因此，本书对不同产业结构演变阶段下中国产业结构调整影响雾霾污染的门槛效应进行了考察，通过数据内生结构将各个时期省份进行分组及演化分析，在此基础上，对不同阶段产业结构调整的雾霾污染效应的影响机制进行分析，为各区域制定"治霾"的产业结构调整政策提供经验支持。

1.3 研究思路与方法

1.3.1 研究思路

围绕产业结构调整对雾霾污染的影响这一核心问题，按照"问题提出—理论研究—实证检验—研究结论—政策建议"的逻辑框架展开研究。首先，对选题背景和研究意义进行阐明，对产业结构和环境相关的国内外文献进行梳理，提出本书所要研究问题的切入点，并进一步确定本书的理论框架和研究方法。其次，基于产业结构和雾霾污染现状，探讨中国产业结构和雾霾污染关系，应用外部性理论、产业结构优化理论、区域关联理论，实证检验产业结构调整对雾霾污染的空间异质性及空间溢出效应；应用产业关联理论，实证检验产业结构调整对雾霾污染产业关联效应。再次，应用产业结构演变理论、环境库兹涅茨理论、"标准结构"理论和主导产业理论，探讨产业结构变化过程中产业结构调整对雾霾污染的门槛效应，及阶段性作用机制的影响因素。最后，在总结本书研究结论的基础上，提出针对雾霾污染的产业结构调整及配套的政策建议，并对未来的研究方向进行展望。

本书的主要创新之处在于以下三点。

第一，在对产业结构调整的辐射效应和中国雾霾污染的空间溢出效应检验的基础上，本书应用地理加权回归模型检验中国产业结构调整影响雾霾污染的空间异质性，将中国 30 个省域、251 个地级市划分为东、中、西部地区，在构建经济地理权重矩阵的基础上建立了全国、东部、中部、西部地区空间计量分析模型分析产业结构调整影响中国雾霾污染的影响，得出了全国和东部、中部、西部地区产业结构每优化 1% 对雾霾污染的影响。相对以往空间视角下环境污染研究，多是针对于区域内部的溢出效应，本书在此基础上，对两两异质性区域间产业结构减霾溢出效应的进一步研究，更能准确评价中国区域产业结构调整对雾霾污染的影响。

第二，本书在构建雾霾污染产业关联网络基础上，以社会网络分析方法分析了雾霾污染产业关联网络的整体特征演变和个体特征演变，以及在产业关联下各地区对雾霾污染溢出与反馈效应。最后应用 QAP 回归分析产业关联下产业结构调整对雾霾污染的影响，弥补了产业结构调整对雾霾污染的产业关联效应研究的欠缺，能够更为全面地评价产业结构调整对雾霾污染的影响，为雾霾污染区域联防联控提供新的视角。

第三，本书通过建立产业结构变化下产业结构调整对雾霾污染的门槛效应模型，将产业结构调整对雾霾污染影响划分为不同发展阶段，分析产业结构调整在不同发展阶段对雾霾污染的"异质性"作用特征。以往相关研究仅对产业结构和环境污染的非线性关系进行了识别，本书在识别出"异质性"特征的基础上，对中国 30 个省域和 251 个地级市在各年份产业结构减霾特征上进行了分组，并在此基础上进行了时空演化分析，除此之外，本书研究对影响产业结构减霾效应阶段性作用特征的因素做了进一步探究。

本书具体研究思路和技术路线如图 1.1 所示。

1.3.2 研究方法

本书围绕产业结构调整对中国雾霾污染的影响，采用了文献研究与比较分析相结合的方法、定性分析与定量分析相结合的方法、理论研究与实证研究相结合的方法进行研究。

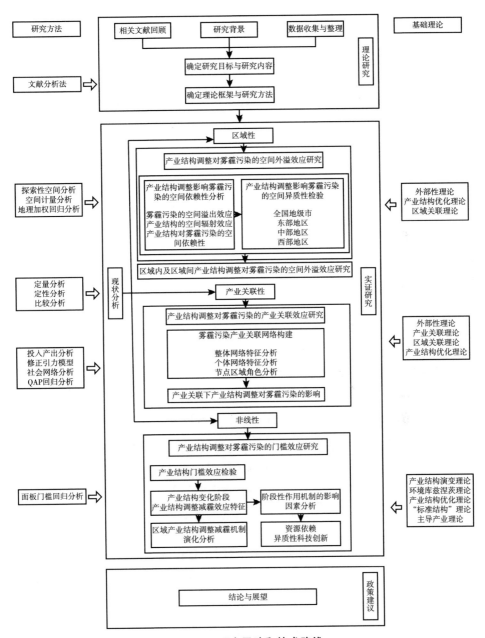

图 1.1 研究思路和技术路线

1.3.2.1 文献研究与比较分析相结合的方法

文献研究法是系统地、准确地了解所研究课题的一种方法，它需要通过文献资料里的已有信息来研究相关课题，全面地、正确地了解掌握所要研究的问题。比较分析法又称类比法，这是一种辩证逻辑方法，通过对事物问题进行类比以研究其特点，往往适用于资料不足以进行演绎推理时。第一，本书运用文献研究法，收集相关文献资料、研究报告中的具体数据和结论，掌握产业结构和环境的研究发展现状、归纳总结产业结构与环境的关系，产业结构影响污染的作用方式。第二，运用比较分析法对各内容进行总结对比，凸显不足和需要改进的方面，找到本书研究的科学问题和切入点，深入地研究产业结构调整对雾霾污染的影响。

1.3.2.2 定性分析与定量分析相结合的方法

定性分析与定量分析相结合的方法，是通过确定事物质的关系和量的关系以认识问题和分析问题的辩证思维方法。任何问题都是质和量的统一，表现为一定的量，又表现为一定的质。本书通过绘制趋势图和搜集相关资料，定性分析产业结构和雾霾在国家层面和地区层面的发展现状与特征，并对搜集整理获取的各种数据及资料进行数理统计和分析，形成定量的结论。

1.3.2.3 理论研究与实证研究相结合的方法

理论研究法是多种思维方法的综合运用，它在统计分析的基础上对调查资料进行深入的思维加工，引出相关的观点和理论，检验研究假设。本书研究在外部性理论的基础上，通过区域关联理论和产业关联理论分析产业结构和雾霾污染区域及区域间的溢出效应，以 EKC 理论、产业结构优化理论及产业结构演化理论构建空间关联、产业关联下产业结构调整对雾霾污染的影响的分析框架，并应用 EKC 理论、钱纳里的"标准结构"理论和罗斯托的主导产业理论，构建产业结构调整影响雾霾污染阶段性特征及其影响因素的分析框架。

实证研究方法是指利用数量分析技术，分析和确定有关因素间相互作用方式和数量关系的研究方法。在理论研究构建的分析框架的基础上，结合中国产业结构与雾霾污染发展现状进行实证分析。第一，应用探索性空间数据分析法，测度了产业结构和 $PM_{2.5}$ 的空间依赖性，并应用地理加权回归模型（GWR 模型）对产业结构调整影响雾霾污染的空间异质性进行初步识别，在此基础上应用空间计量模型对空间关联下总体、区域内部、区域间产业结构调整对雾霾污染空间溢出效应进行测度。第二，应用投入产出法和社会网络分析法对产业关联下雾霾污染溢出网络进行构建和测度，并使用 QAP 分析产业关联下产业结构调整对雾霾污染的影响。第三，应用面板门槛回归模型分析在产业结构变化的不同阶段中，产业结构调整对雾霾污染的影响和促成阶段性特征出现的影响因素。

1.4 内容安排

本书研究主要包含五个部分，分别是：理论机制研究、现状特征分析、实证检验分析、结论与展望。具体内容如下所述。

第 1 章为绪论。对产业结构调整与雾霾污染治理的背景和意义进行了介绍，对国内外产业结构与雾霾污染相关的文献进行梳理，在此基础上确定了研究思路和结构安排。

第 2 章为产业结构调整与雾霾污染的相关理论概述。主要以环境库兹涅茨曲线理论、产业结构演变理论、产业结构优化理论、产业关联理论、区域关联理论和环境外部性理论作为研究产业结构调整对雾霾污染研究的理论框架，以及确定本书的研究方法，为后面进行实证检验奠定基础。

第 3 章为产业结构与雾霾污染的典型化事实。在把握产业结构演变进程的基础上，从整体和区域分布对产业结构优化进程、产业关联现状进行定量和定性相结合的分析，并在把握中国雾霾污染现状的基础上，对中国雾霾污染特征进行描述性分析。此外，对产业结构与雾霾污染相关关系从全国层面和区域层面做了简要的分析。

第4章为产业结构调整对雾霾污染的空间效应。本章基于探索性空间数据分析法对中国雾霾污染的空间溢出效应、产业结构高级化和产业结构合理化空间辐射效应进行了检验。利用地理加权回归模型（GWR 模型）对产业结构影响中国雾霾污染的区域空间异质性特征进行检验，并以此为基准对区域进行划分，之后基于 STIRPAT 模型构建全国、东部、中部、西部地区以及区域间产业结构影响雾霾污染的空间计量模型，探究区域内和区域间产业结构调整对雾霾污染的空间溢出效应。

第5章为产业结构调整对雾霾污染的产业关联效应。首先，通过产业关联理论和修正的引力模型构建雾霾污染产业关联网络；其次，应用社会网络分析法对 2008～2018 年雾霾污染产业关联网络的整体特征和局部特征进行分析，应用社会网络分析方法中的凝聚子群分析各个区域在产业关联网络中雾霾污染的溢出效应和反馈效应；最后，应用 QAP 分析法分析产业关联下产业结构调整对雾霾污染的影响。

第6章为产业结构调整对雾霾污染的门槛效应。以产业结构为门槛变量，应用门槛效应模型分析产业结构调整与雾霾污染的非线性关系，在此基础上，对各时期处于不同作用机制阶段的区域进行分类，并对各地区的产业结构对雾霾污染的作用机制进行演化分析。根据"标准结构"理论和主导产业理论以异质性科技发展为门槛变量，构建资源依赖下产业结构调整影响雾霾污染的面板门槛模型，进一步探究阶段性作用机制的影响因素。

第7章为产业结构调整与雾霾污染治理的政策建议。在总结论证基础上，分别从国家层面和区域层面提出改善环境和雾霾污染治理及产业结构调整的政策建议。

第 2 章

产业结构调整与雾霾污染的相关理论概述

2.1 基 本 理 论

2.1.1 概念界定

（1）产业结构。产业结构的内容比较宽泛，经研究发展后产业结构的定义逐步明确。三次产业划分法首次被费歇尔（Fisher，1935）在《安全与进步的冲突》中提出；英国经济学家克拉克（Clark，1940）在此基础上把经济发展分为初级、工业化、后工业化三个阶段，分别对应了人类历史上三次产业变革，即从农业到制造业再到服务业的变化；美国经济学家库兹涅茨（1941）在《国民收入及其构成》中指出，国民收入与产业结构有重要联系。产业结构理论正式形成，产业结构概念也被明确界定。1950 年后，里昂惕夫、库兹涅茨和希金斯等经济学家对产业结构进行了深入研究，产业结构理论进一步得到了发展（范金和郑庆武，2005）。以上研究多是从狭义角度对产业结构概念进行界定，认为产业结构是指不同产业之间的关系及变化规律；杨治（1985）、苏东水（2000）等认为，"在社会再生产过程中国民经济各产业间所形成的技术经济联系以及由此表现出来的一些比例关系"即为产业结构。现代对于产业结构部门的划分大致有四种，根据不同的标准可分为两大部门分类法、国际标准产业分类法、三次产业分类法和资源密集度分类法。本书在结合上述研究和本书研究实际需要后对产业结构进行广义定义，即认为产业结构是在经济活动过程中，三次产业的构成、各产业之间的比例关系及变动规律，以及产业的空间分布结构。

（2）雾霾污染。雾霾是雾与霾的混合体。根据中国气象局相关文件，雾霾是指大量细微颗粒物（液体或者固体）浮在空中，是一种大气污染状态，这些粒子中对人体损伤最大的半径小于 5 微米的粒子，多数呈气溶胶态，使能见度水平在 10 千米以下的大气现象。雾霾天气可覆盖多个地区，作为一种大气污染状态，雾霾的出现代表着空气里各类悬浮颗粒物超标，这会让人产生恐惧心理，同时也对人体造成损伤，阻碍社会正常运转，干扰经济发展，降低社会生产效率。同时雾霾会导致能见度降低，影响交通、通信等行业正常运转，甚至可能对农作物的生长也有影响。主要组成部分中对人体而言危害最大的颗粒物是 $PM_{2.5}$（林佳梅等，2019）。为了便于研究，本书选取 $PM_{2.5}$ 平均浓度值的高低来衡量中国各省份雾霾污染的程度。

（3）空间效应。空间的本质即为"距离"。目前基于空间效应的研究主要有新经济地理学和区域经济学基于空间统计和计量方法的运用。最早，杜能（1826）在"农业区位论"中，首次考虑空间因素分析农业分区问题，之后更多的学者开始聚焦于空间问题（Thunen，2009）。区域经济学中的空间效应则主要从经济成本的角度考虑，通过对成本和距离的关系来强调空间布局对经济活动的影响（回莹，2018），研究其效应的差异性，所以空间效应的主要特点在于空间异质性和依赖性，这两者的识别就是研究的重点（张可云，2016）。空间依赖性即为空间相关性，表现为空间个体观测值间稳定的函数关系；空间异质性是当观测值间的关系不稳定时的非均衡性的非同质现象（郑长德，2014），如在不同发展阶段地区、相同发展阶段地区不同位置等经济地理结构的非均质性。本书研究将空间效应（spatial effects）定义为空间相关性与空间异质性（Anselin，1995），当空间相关性或异质性特征存在时，个体观测值之间空间交互作用，基于地理环境产生空间外部性，观测值发生变化，即出现空间溢出效应（spillover effect）。

（4）产业关联效应。产业间的联系在产业经济学理论体系中的地位很重要，这种联系与各产业内组织形态有关，从宏观上看也和产业结构相关联，在整个理论中承上启下。通常采用精确的量化分析方法，从经济系统中产业间质和量的关系出发，对产业关联进行研究。从区域经济学视角出发，产业关联理论可以应用于产业结构高级化、合理化研究。产业结构在调整过程中，产业部门间存在着前向关联和后向关联，即发生了产业关联效应（申玉铭等，2007）。由于产业结构调整的区域互动作用明显，以往的研究多是基于某地区的"属性数据"模型来对产业关联效应进行分析，难以揭示区域间产业关联效应特征。因此在本书研究中，对雾霾污染的产业关联网络及其特征进行分析，并在此基础上进一步探究产业结构调整对雾霾污染的产业关联效应。

（5）门槛效应。部分学者认为，产业结构调整对雾霾污染的影响可能存在非线性特征，因此需要对产业结构调整对雾霾污染的非线性效应进行分析。此时若只用线性模型进行解释，可能会造成较大误差。汉森（Hansen，1999）认为，在非线性回归中，如果样本的变量不是离散型变量，而是连续型变量，就需要给定一个标准，即"门槛值"。本书研究在对产业结构调整对雾霾污染是否存在非线性关系进行考察时，首先假定这种影响是线性的，即不存在门槛效应，利用门槛回归模型检验了产业结构调整对雾霾污染的门槛效应。如果拒绝原假设，则认为产业结构调整对雾霾污染存在门槛效应，可以对门槛值进行进一步的检验；如果接受原假设，则不存在门槛效应，退化为单一线性关系。

2.1.2　环境库兹涅茨曲线（EKC）

库兹涅茨曲线是在 20 世纪 90 年代提出的，人均收入水平与分配公平之间的关系的理论。以主要发达国家为样本，库兹涅茨分析发现，在经济增长过程中，收入分配不均、贫富分化的程度先上升后下降，呈现出倒"U"型关系。之后格罗斯曼和克鲁格（1991）实证分析了环境与人均收入的关系，认为在人均收入水平上升的过程中，污染物的排放水平前期会随之上升，当人均收入水平高于一定值后，污染物的排放水平开始下降。在借鉴库兹涅茨曲线的基础上，帕奈奥图（Panayotou，1966）将环境质量与人均收入的关系称为环境库兹涅茨曲线（environmental Kuznets curve，简称 EKC 曲线），在经济发展初期，该地区的经济增长会导致环境污染的增加，直到经济发展到一定规模达到某一临界点后，环境污染则会随着经济的增长而下降，这一临界点我们也称之为"拐点"。之后众多实证研究围绕 EKC 曲线的存在而展开。

之后不同学者分别从不同的角度分析 EKC 曲线的影响因素。其中，产业结构的变化使环境压力在高收入时减小；在产业结构转型时，经济活动从污染高能耗的行业逐渐转向低污染高产出产业，如信息化产业等，这样会导致 EKC 的形状的改变——变得扁平或更早出现顶点，因此产业结构的变化对环境质量改善有重要影响（Park and Lee，2011）。由于区域或所取的指标不同，大量学者通过实证研究发现环境压力指标和经济增长指标之间存在多种曲线关系，拓展了 EKC 曲线，呈现出多种关系，如倒"U"型关系、同步关系、

"U"型关系、"N"型和倒"N"型曲线关系。

2.1.3 产业结构演变理论

2.1.3.1 配第—克拉克理论

英国古典经济学家威廉·配第依据英国当时的产业情况提出了初步的产业结构理论，他认为服务业相较于工业和农业有更高的附加值，这会导致劳动力在收入的驱动下流向服务业；威廉·配第的理论证明，在经济增长的过程中产业结构也会随之演变，为产业结构演变理论奠定了基础（尹炳文，1987）。英国经济学家克拉克（1940）以威廉·配第的理论为基础，收集统计了部分国家的劳动力转移情况并进行分析判断，证实了威廉·配第的观点，从而"配第—克拉克定理"形成。该定理表明，伴随着经济的发展，劳动力会从第一产业流向第二、第三产业以获得更高的收入，这一过程会持续到第三产业完全替代第一、第二产业成为国家经济的主导，这时劳动力大量聚集在第三产业中，实质上都是由于所创造的收入与附加价值推动的，在转移的过程中产业结构实现由低级向高级的演变。本书第 3 章中对产业结构演变规律的分析可以由配第—克拉克定理验证。

2.1.3.2 钱纳里的"标准结构"理论

克拉克的理论依据主要来自工业化较早的发达国家，在低收入发展中国家中缺乏实证，为了解决这一缺陷，钱纳里提出了"标准结构"理论。他收集整理了 1960 ~ 1980 年的 9 个准工业化国家数据，对克拉克的理论进行了扩展延伸，将数据范围扩展到二元经济结构的低收入发展中国家，并提出了对应不同国家在所属不同发展阶段的"标准产业结构"（刘刚，2012）。该理论将不发达经济体的发展历程分为三个阶段，以人均 GDP 为划分标准分别分为初级、中期、后期产业三个阶段，这三个阶段的演变由产业结构转化推动。在初级产业阶段，国民经济主要支柱产业为第一产业或者劳动密集型产业；演变到中期产业阶段后经济支柱转向资本密集型产业；演变到后期产业阶段后则转化为以知识密集型产业和技术密集型产业为支柱产业。钱纳里理论中产业结构演变的三个阶段的基本特征是其 GDP 中各级产业所占份额的变化，农业所占份额的下降代表着产业结构的升级。从初级到后期的过程里农业所占份额不断下降，同时工业所占份额有所上升但较为缓慢，第一产业中流出的劳动力主要由第三产业吸纳（蒲艳萍，2005）。钱纳里认为，各国工业化的发展会受到各种因素的限制，可能会导致发展时间和水平有所差异，但从整体来看趋势大致相同，呈完整的"U"型（钱纳里，2015）。

主导产业的转移会带来产业结构的改变，产业结构演变阶段与经济发展阶段密切相关。在产业初期，农业作为主导产业，地区内对环境的污染主要以农业污染为主，例如农药、化肥等。当进入工业发展初期后，产业结构向工业转移，但由于生产和消费层次的限制，此时对环境的污染也不算严重。而到了产业后期，产业结构演变到以资本密集型产业为主的阶段，由于其大量的能源消耗需求、消费需求的上升等因素会导致严重的污染。最后发展到产业后期，产业结构转向知识和技术密集型产业，以高新技术产业、教育、金融、咨询等服务业的发展为主，虽然也有机动车使用量增加会造成污染，但是相比工业化中后期阶段，环境污染得到很大程度的缓解。可见，产业结构变化的程度与雾霾污染密切相关，本书将在第 6 章中进一步分析产业结构变化过程中的产业结构调整对雾霾污染的影响。

2.1.3.3　罗斯托的主导产业理论

罗斯托的主导产业理论围绕着产业结构演进是经济增长的动力出发。主要产业的迅速扩张是经济持续发展的核心因素，在主要产业扩张的同时会带动其他产业的协同发展，通过回顾效应、前向效应等推动（罗斯托，1988）。

此外，他以科学技术发展的不同阶段作为衡量尺度提出了经济成长阶段论，将经济的发展划分为六个主要阶段：传统社会、为"起飞"创造前提条件的阶段、"起飞"阶段、向成熟挺进阶段、高额大众消费阶段和追求生活质量的阶段。主导产业的更替导致了产业结构演进，科技发展则是推动主导产业更替的动力保障（罗斯托，2001）。

结合钱纳里的"标准结构"理论和罗斯托的主导产业理论，本书在第 6 章中进一步分析了产业结构变化下产业结构调整对雾霾污染阶段性影响特征，探讨科技进步和资源依赖对产业结构减霾作用机制。

2.1.4　产业结构优化理论

随着产业结构演化相关研究的不断深入，产业结构优化理论逐渐成熟。产业结构优化是通过产业结构合理化和高级化，实现国民经济效益最优的过程（原毅军和董琨，2008）。与此同时，也要考虑到产业结构调整的相关约束条件如资源能源供需、技术等，在中国高质量发展的背景下，实现经济发展方式和产业结构向低污染、低排放转型。

2.1.4.1　产业结构高级化

产业结构高级化是指在某个区域内产业结构向更高一级演进的过程，通常来说由技术进步、竞争促发、需求拉动等因素推动，在区域内由经济发展阶段和生产力水平的变化来推动产业结构的升级，比如，产业结构由以农业为主导转向以工业为主导，以生产初级产品为主转变为以生产高级产品为主。产业结构高级化即为主导产业进一步发展、更替原有低水平的主导产业，以高技术、高效率产业带动其他产业发展，使得产业结构整体水平得到提升。这也是产业素质的提高，通过引进新技术，淘汰落后产业，提升产出效率和能力。以减少雾霾污染为目标，产业结构高级化主要体现为产业结构以第一产业为主导逐渐向第二、第三产业主导的方向演变，这代表着劳动密集型产业逐步演变为知识、技术密集型产业，生产效率和产业附加值提高。

2.1.4.2 产业结构合理化

最早在古典经济学中，产业结构合理化即为各产业间比例的协调。目前产业结构合理化的内涵归纳起来可以分为四类：一是指产业间互补协调，产业之间相互关联，不同产业之间具有互补和转换能力；二是产业地位协调，各产业的组合方式有序；三是产业间联系方式协调，指的是在不同产业间有相互促进的能力；四是供给和需求的协调，在结构和数量上供给和需求协调平衡。产业结构合理化提升，可以通过合理配置产业间已有的资源禀赋、技术条件等，实现最大的经济效益。

2.1.4.3 产业结构高级化和合理化之间的关系

产业结构高级化和合理化通过协同演进从而实现产业结构优化。产业结构合理化是产业结构高级化的基础，而产业结构高级化是将已有的产业结构推向更高层次的合理化。产业结构的合理化和高级化有着不可分割的紧密联系，两者相互作用。产业结构合理化是产业结构高级化发展的前提，这要求产业结构的配置在接下来的发展中保有竞争力，从长期来看符合更高一级的生产发展需要；而在短期内产业结构的合理化也可以使当下生产配置环境达到效率最优化，为地区短期发展目标提供动力。

产业结构优化水平是随着目标发展水平的提高而不断升级的，如图 2.1 所示。大道 1 代表目标发展水平较低阶段的产业结构合理化，此时已经达到大道 1 均衡状态，当进行产业结构高级化调整，各产业发展的速度并不相同，但各产业发展的最终方向在产业间的关联性作用下逐渐趋同，最终使得各产业的发展速度趋同，实现较高水平上的产业结构合理化，如大道 2。产业结构优化即产业结构从较低水平相对均衡发展为高水平相对均衡的过程。

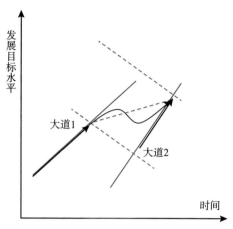

图 2.1 发展目标水平与结构转变

资料来源：贺丹（2012）。

2.1.5 产业关联理论

产业关联理论起源于法国经济学家魁奈著作的《经济表》，而后经过法国经济学家瓦尔拉斯（Walras）的深入研究，提出了"一般均衡理论"，为产业关联理论奠定了基础。该理论认为，在经济活动中数量关系可以用来表征各类联系，这种联系处于动态的发展中，当满足一定条件时就会呈现相对的稳定状态，此时的状态称为均衡状态。在这个理论中，经济体系里的各类商品价格并不独立，不同商品价格之间具有某种内在联系，同样也存在供求关系均衡点使各方状态达到平衡。在"一般均衡理论"的基础上，美国经济学家里昂惕夫于 1941 年结合马克思、凯恩斯等的相关理论在《1919～1939年美国经济结构》中系统地阐述了投入产出理论的基本原理及发展，提出了"把一个复杂经济体系中各部门之间的相互依存关系数量化的方法"，并以此为依据运用美国劳工部的数据编制了投入产出表，得到各界人士的认可，其他国家也根据此理论编制各国的投入产出表，使得该理论体系在世界范围内被广泛认可和传播（贺铿，1989）。

直到 20 世纪 90 年代，赫希曼（1991）在其《经济发展战略》一书中首次提出了产业关联理论，该理论指出，在经济社会中各产业部门之间相互依存，该地区某一产业的发展不能独立存在，必然会对其他产业造成影响，这种影响的程度可以用来划分关联度，即产业之间的关联程度。如果某一产业部门的关联程度较大，则可以作为产业结构升级过程中的主推产业或者支柱产业。国民经济中的所有部门都不是独立存在的，其发展必将依存整个社会化生产，从供给侧来看它需要其他产业提供产品，从需求侧来看它也向其他产业部门提供产品，所以产业关联的实质是不同产业部门之间的供求关系。从供给联系来看，可分为前向关联和后向关联，前向关联是指某一产业部门对其他产业部门的投入而产生的关联效应；后向关联是指某一产业部门对其他产业部门的需求而产生的关联效应。从依赖程度来看，有直接关联和间接关联两种，其中直接关联指的是两个产业部门在经济活动中产生直接的产品、技术等联系，间接关联则是两个产业部门建立相关联系时由其他产业部门间接传递所产生的产品、技术供需关系的联系。产业关联以具体形式划分则有产品、就业、技术、价格、投资关联等。

产业结构的调整也会使各产业部门之间的联系逐渐趋于协调，同时，雾霾污染也会通过区域间的产业转移外溢（马丽梅和张晓，2014），明确产业关联效应至关重要。本书第 5 章依靠产业关联理论，探讨产业结构调整对雾霾污染的产业关联效应。

2.1.6 区域空间结构理论

2.1.6.1 区域经济发展

区域经济发展理论认为区域经济发展不平衡，重点强调关联效应和资源优化配置效应。为了提高资源配置的效率，需要突出重点产业和地区，也符合经济非均衡发展的规律（郝寿义，2016）。在不同维度上区域经济的发展有不同的表征，在时间上表现为经济增长，在空间上表现为结构的优化，而区域间的关系则表现为辐射与吸引的交互（杨开忠和陈良文，2008）。

2.1.6.2　区域经济联系理论

区域经济联系是围绕区域之间资源、要素流动，产业的集聚、转移或扩散，经济增长的区域传递等方式和过程展开，区域经济联系会对区域的产业结构、经济增长、区域间的经济格局产生重要影响（盛广耀，2018）。区域经济空间的非均质性和开放性，促使区域间的要素流动，包括劳动力、资本和技术等生产要素的区际流动，从而发生区域间空间关联（UILman，1957）。其中，某一地区所拥有的各类生产要素可以被归纳为要素禀赋，这是该区域经济发展的客观基础，对经济的发展有重要作用。区际生产要素的流动主要表现为三种类型：对流、传导和辐射。对流是指人口和物质的流动；传导是指区际间的各种贸易往来；辐射是指信息的流动、新技术和新思想的扩散等，一般由发展较快的区域指向发展相对落后的区域。

产业结构的调整在空间上也可以看作不断优化的过程，在这个过程里生产要素、资源的流动效率更高，生产部门、要素在空间上的分布也更加合理。雾霾污染也表现出扩散速度快、波及范围广的特征，因此应当从空间关联的角度对区域产业结构调整对雾霾污染的影响进行探讨。

2.1.7　环境外部性理论

20 世纪初经济学家马歇尔提出了"外部性"这一概念，后由英国经济学家庇古做了更深层次的研究，丰富了外部性理论，他认为市场机制的调节作用是有限的，在经济体制内无法对生产消费活动产生的副产品进行约束，这种以危害自然为表现形式的外部性成本被定为"负外部性"（Broadbridge，

2013）。从价格体系的角度看，外部性是没有在价格体系里得到显示的那部分经济活动的副产品，也可称为外部不经济（Olson，2009）。

雾霾污染部分来源于生产消费活动中产生的副产品，具有较强的负外部性，对大气环境造成了严重污染。单独地区意图控制雾霾污染排放，那么减排成本只能由减排地区独立承担。作为环境公共产品，大气环境消费具有非排斥性与非竞争性，从而出现市场失灵现象，与此同时大气环境作为公共产品被超负荷使用，如果没有适当的干预会导致公地悲剧。由于针对负外部性时市场的调节能力失灵，雾霾污染控制问题具有公共产品特性，只有各地区政府共同合作、共同承担减少雾霾污染这一公共产品的责任，才能改善环境质量。

2.2 产业结构调整影响雾霾污染的理论机制

2.2.1 产业结构调整对雾霾污染的空间外溢影响机制

（1）根据外部性理论，产业结构调整雾霾污染效应的变化，在空间上体现在本地和相邻地区的雾霾污染，存在地理溢出效应。而以重工业为主的产业结构有可能会增加本地雾霾浓度，这些污染物随着空气流动，并根据风向、风力和相对湿度等自然条件产生空间转移，增加相邻地区的雾霾污染，产生空间溢出效应。在产业结构调整过程中本地区雾霾污染程度变动也会随着空气流动发生转移，导致相邻地区雾霾污染变动，如图 2.2 所示。因此提出相关假设。

H1：产业结构调整对雾霾污染的影响存在空间依赖性特征。

图 2.2 产业结构调整对雾霾污染的影响的空间依赖性机制

（2）根据产业结构优化理论，产业结构高级化，首先，通过扩张第三产业规模，缩小工业规模，解决第二产业产品供过于求而引起产品恶性竞争的不利局面，这对能源的利用率有更高要求，尤其是在工业去产能的过程中，减少煤炭等能源的需求，减少雾霾污染；其次，在经济增长极为工业的区域，兼并破产落后工业企业提高工业产业的集中度，加速清理过剩产能进程的同时禁止新增产能，提升龙头企业的盈利能力，能够在提高经济发展质量的同时大量降低工业废气排放量，减少雾霾污染。产业结构合理化促使各产业部门对资源要素进行重新配置，合理优化分配，提高效率，增强资源利用效率，从而减少雾霾污染。

但是中国国土辽阔，自然条件差异很大，经济发展不平衡（王圣云和姜婧，2020），依据区域发展理论，区域经济是动态发展过程，中国各区域自然资源禀赋和经济发展水平在空间上具有巨大差异性（姜磊等，2018）。在产业结构高级化方面，产业结构高级化会促使东部地区引入现代服务业，带动当地新能源、新技术发展，作为发达地区首先实现节能减排，有效降低本地雾霾污染；西部地区产业结构高级化会引入较多的劳动密集型的传统服务业，从而引起雾霾污染的回弹（齐园和张永安，2015）。同时，基于区域联系理论，区域间的关系上表现为吸引与辐射的交互作用（杨开忠和陈良文，2008），区域之间发生要素流动，通过要素的集聚和扩散，产业结构高级化的过程中高污染产业会转移至周边地区，将会出现负的结构效应，邻近地区污染排放量增加，周边地区雾霾污染也因此增加，如图 2.3 所示。在产业结构合理化方面，东部地区大多已经进入工业化后期，技术进步成为经济增长的关键因素，产业结构合理化能够促使东部地区技术进步的溢出，使经济体最大化利用新技术和新知识。这里的技术进步既包括生产技术也包括环保技术，一方面能够有效提升生产率，使得既定条件投入下的期望产出量增加，另一方面环保技术也能使得生产一定期望产出的同时减少非期望产出，从而减少东部地区雾霾污染；同时，产业结构合理化外溢和本地技术人才外溢，对周边地区形成技术辐射，减少周边地区的雾霾污染。中部及西部地区科技发展水平较低，高生产率产业对于劳动力等生产要素的承载力较低，产业结构合理化提升资源配置能力有限，且对其他地区的辐射带动作用较弱，产业结构合理化减少雾霾污染的能力较低，如图 2.4 所示。因此，提出如下假设。

H2：产业结构调整对雾霾污染的影响呈现出显著的空间异质性特征。

H3：东部地区产业结构高级化会呈现减霾效应；西部地区产业结构高级化会呈现增霾效应。产业结构高级化会增加邻近地区的雾霾污染。

H4：东部地区产业结构合理化呈现减霾效应，且能减少邻地的雾霾污染；中部地区及西部地区产业结构合理化减霾效应不显著。

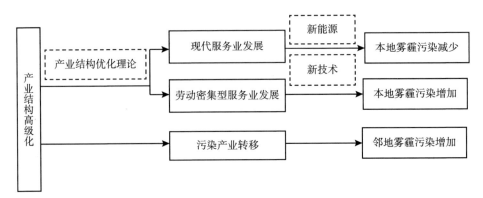

图 2.3　产业结构高级化对雾霾污染的影响机制

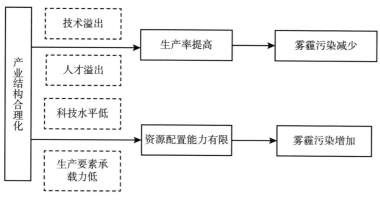

图 2.4 产业结构合理化对雾霾污染的影响机制

2.2.2 产业结构调整对雾霾污染的产业关联影响机制

在产业结构调整过程中也包含各个产业之间的经济联系逐渐从不协调发展为协调的过程,产业转移是产业结构调整的重要路径(陈修颖等,2004)。而产业的转移必然是建立在区际产业空间关联的基础上(刘新争,2016)。在单个产业部门调整的过程中,通过与其他地区的各产业部门产生前向关联或后向关联而产生产业联系。产业关联丰富了原有的空间关联网络,产业结构调整关联程度较大时,空间限制被消除,推进了地区间的产业融合,地区产业协同程度提高,形成完整的区域产业体系。上游生产过程中产生的废弃物除了收回用于自身的再生产外也可用于下游的生产,减少最终排放至环境中的污染物。另外,不同产业间的技术共生与融合有效优化了原有生产流程,以新技术、产品驱动产业的绿色升级,降低污染物的排放。与此同时,在产业关联度高时,高污染企业往往会将环境成本分摊至上游企业,对上层的投入产品进行筛选,逼迫上层供应商提供更加清洁的产品(耿蕊,2020),各地区形成紧密的利益共同体,区际间的环境外部性减少,雾霾污染减少,如图 2.5 所示。因此,提出相关假设。

H5:产业结构调整关联程度越大,其对雾霾污染的负向作用越强(正向作用越弱）。

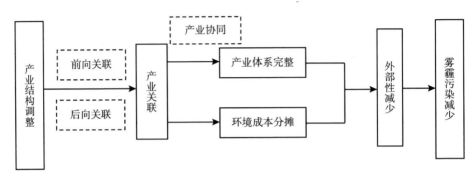

图 2.5　产业结构调整对雾霾污染的产业关联影响机制

2.2.3　产业结构调整对雾霾污染的非线性影响机制

（1）根据配第—克拉克定理、钱纳里的"标准结构"理论、EKC 理论和产业结构理论，在经济发展的初期，经济活动主体的物质消费相对匮乏，优先考虑生产以满足物质需求，实现产品的高边际效用；在经济发展到后期时，产品的边际效用降低，环境质量的边际效用提高，所以人们的消费偏好倾向于环保、绿色的产品，从而导致污染的增加。在这个过程中，以需求为起始带动产业部门的变化，进一步影响着产业结构形态，反映出不同的环境效应。另外，根据产业结构优化理论，产业结构变动影响着要素配置的方式，生产要素的使用效率又反过来影响经济增长，从而进一步影响生态环境。通过产业结构调整能够优化要素配置方式，引导要素从劳动密集型产业向知识密集型和技术密集型产业流动，从而产生"结构红利"降低污染。然而产业结构调整也可能使生产要素违背"从低生产率部门向高生产率部门流动"的规律（李小平和陈勇，2007），使得生产要素过度集中于某一产业，降低生产要素变动带来的环境优化边际效应，最终不利于雾霾污染降低。产业结构的变化会影响生产要素的分配与流向，导致在产业结构水平下对雾霾污染的影响，如图 2.6 所示。因此提出相关假设。

H6：产业结构调整对雾霾污染的影响机制呈现出非线性特征。

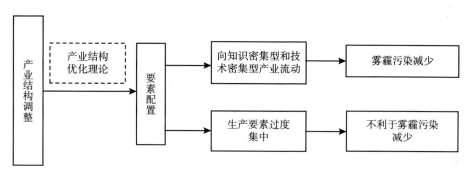

图 2.6　产业结构调整对雾霾污染的非线性影响机制

（2）根据钱纳里的"标准结构"理论发现，尽管工业化趋势呈现出完整的"U"型曲线，但是资源禀赋会影响工业化进程的时长和弧度，从而影响生态环境。产业结构在很大程度上受地区的自然资源禀赋影响（孙永平和叶初升，2012）。自然资源部门凭借其比较优势，吸引了物质资本和人力资本的投资，阻碍产业结构优化，对产业结构优化产生了挤压效应（Gylfason and Zoega，2006），而导致其过度依赖资源，使得资源密集型产业成为有着丰富资源地区的支柱产业（薛雅伟，2019），而资源密集型产业往往是高污染高排放产业（李素峰等，2015）。因此本书认为，资源依赖会扭曲产业结构优化，从而导致资源依赖影响产业结构转型的减霾效果。

根据罗斯托的主导产业理论，科技进步则是影响产业结构升级的直接动力。从需求的角度看，科技创新使生产数量和结构发生改变；从供给角度看，要素的分配由于科技创新发生改变，推动产业产出比例变化，导致整个产业结构发生相应的变化（Teece，1996）。科技进步是产业结构优化的重要影响因素，科技进步能够使区域经济从资源、劳动密集型产业主导转变为技术密集型产业主导，提高能源效率，显著提高产业结构调整的污染减排效应

(Zhang et al.，2020)。技术进步也可以提高单个产品的能源利用效率，从而增加能源需求，可能抵消技术进步降低的能源强度（Kumar and Managi，2009），从而影响产业结构减霾效应，如图 2.7 所示。因此提出相关假设。

H7：资源依赖和科技进步是产业结构调整雾霾污染效应的影响因素。

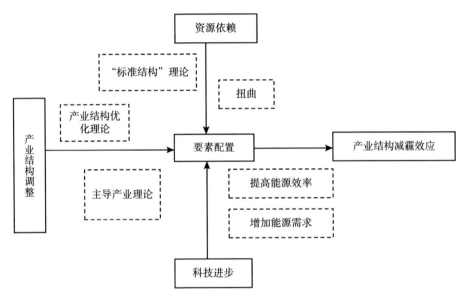

图 2.7 产业结构调整雾霾污染效应的影响因素

| 第3章 |

产业结构与雾霾污染的典型化事实

不合理的经济增长可能会对环境造成不可逆的破坏。"十四五"以来,中国经济已由高速增长阶段转向高质量发展阶段,产业结构调整作为新时期中国经济发展的主要任务,不仅能够解决当下的经济困局,更能缓解中国的环境压力。因此,本章梳理了产业结构与中国雾霾污染典型化事实,以便对中国产业结构与雾霾污染现状形成初步认识。

3.1 中国产业结构演进规律及特征

改革开放四十余年来,中国经济发展迅猛,综合国力不断增强,人们的生活水平不断提高。

伴随着国民经济的持续快速增长，产业结构发生了一系列意义重大且影响深远的变化。

3.1.1　中国产业结构变迁概况

伴随着社会主义市场经济的建立和完善，在各种有效的宏观调控下三大产业的结构比例产生了很多积极的改变，自 2008 年以来中国的第一产业在国民经济体系中的占比逐步下降，其产值比重由 2008 年的 10.17% 降到 2018 年的 7.04%；与此同时，第二产业在国民经济体系中的占比也呈下降趋势，但从整体来看依然占据主导地位，占比从 46.97% 降至 39.69%；而第三产业随着产业结构的调整稳步上升，其产值占比由 42.86% 上升至 53.27%，如图 3.1 所示，第三产业的快速发展逐步推动经济进入新阶段，中国经济从高速度发展向高质量发展阶段转变。

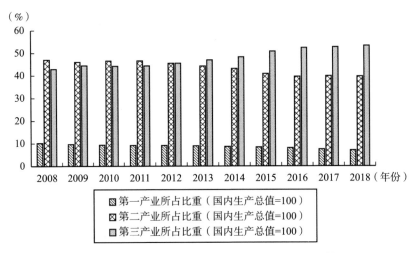

图 3.1　2008～2018 年三次产业所占比重变化趋势

资料来源：《中国统计年鉴》。

在工业化初期，第一产业占比持续下降，第二产业和第三产业占比上升，其中第二产业比重的上升幅度大于第三产业。在这个阶段里第二产业将逐步替代第一产业的优势地位，在第一产业的比重低于20%后，第二产业占比高于第三产业，这代表着中国的工业化进程进入中后半段；随后第一产业占比持续下降，在低于10%时，第二产业占比达到顶峰，这是工业化进程中第二产业占比先上升后下降的拐点，中国进入工业化后期阶段。在这之后，第二产业的占比逐渐下降，第三产业占比开始高速上升，到2012年第三产业占比超过第一、第二产业，这个情况一直持续至今；在2015年时，第三产业占比过半。

从各大产业的劳动力结构变更角度来看，2008～2018年，第一产业就业人数从29923.34万人减少到20258万人，其就业人数占比下降了32.3%；第二产业就业人数经历了先上升后下降的情况，从2008年的20533.41万人上升至2012年的23241万人，之后下降至2018年的21390万人，其就业人数占比先上升13.19%，后下降7.96%；第三产业就业人数从25087.25万人增加到35938万人，其就业人数占比增加了22.1%，如图3.2所示。大量劳动力从第一产业流出，第三产业吸收了超过七成的流出劳动力。从构成比重上看，劳动力与产业结构差异较大；而从整体来看，二者变动趋势的方向相同。

钱纳里（2015）通过对整体经济结构变化的研究，在库兹涅茨研究的基础上提出产业结构的变化是具有三个阶段性的动态形式：在第一阶段，社会处于传统经济模式，工业还未开始发展，经济的增长主要由第一产业带动，第三产业作为补充，在这一阶段劳动力大量聚集在第一产业，劳动生产率较低；第二阶段则是进入了工业化时代，劳动力从第一产业解放出来大量流入第二产业，此阶段工业的快速发展作为主要动力刺激经济的发展，产业结构发生巨大改变，主导产业不断更替，新技术运用迅速且广泛；在第三阶段，社会经济进入发达阶段，经济增长主要由第三产业推动，劳动力向第三产业聚集，各类服务业部门发展迅猛。目前，中国正处于第三阶段，如图3.3所示。在分析中国具体情况时，中国的第一产业中劳动力占比过高，相较于第二产业和第三产业，其劳动力与产出水平具有一定的反差，这表明多余劳动力滞留于第一产业。同时，第二产业的劳动力产出水平高于第三产业，这与产业划分规则不符，说明第三产业还应进一步发展。

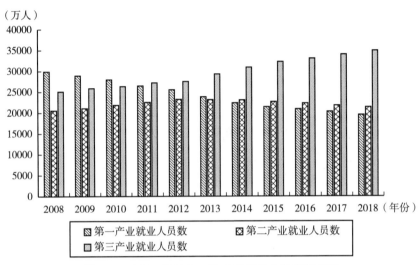

图 3.2　2008～2018 年三次产业就业人数变化趋势

资料来源：《中国统计年鉴》。

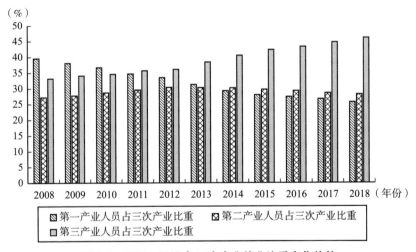

图 3.3　2008～2018 年三次产业就业比重变化趋势

资料来源：《中国统计年鉴》。

3.1.2 中国产业结构高级化

产业结构优化包含了产业结构高级化、合理化，是经济持续发展的重要驱动力，也能提高资源配置效率、促进节能减排，从而减少雾霾污染（周叔莲和王伟光，2001）。产业结构高级化反映了产业结构从较低形式向较高形式的转化过程，可以在一定程度上衡量产业结构升级。以往的研究大多从两个角度对产业结构高级化进行衡量：一是，以服务业增加值占 GDP 的比重来表现产业结构的高级化（魏后凯和王颂吉，2019）；二是，以往研究认为产业结构高级化主要体现在高端服务业发展水平，在信息化时代，农业占比相对较低且增长率维持相对稳定时，服务业产值增长率快于工业产值增长率是产业结构高级化的重要表现（Gan et al.，2011）。因此，本书采用各地区第三产业增加值与第二产业增加值的比重来衡量产业结构高级化（ISO）。

从图 3.4 中可以看出，从 2008～2018 年中国产业结构高级化指数一直处于上升状态，且 2012 年开始增速加快，至 2015 年开始增速放缓，但是总体

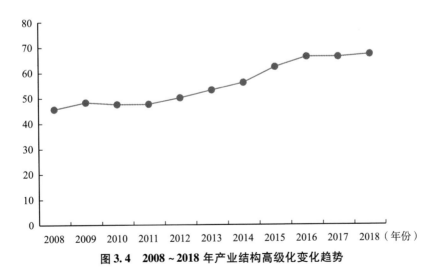

图 3.4　2008～2018 年产业结构高级化变化趋势

资料来源：笔者根据《中国统计年鉴》数据计算而得。

看中国产业结构高级化水平越来越高，整个产业结构由第一产业向第二产业、第三产业为主导的方向演变，由劳动密集型为主导产业向资金密集型、技术密集型为主导产业的方向发展。

但是在中国产业结构优化进程中，地区差异始终存在。由图3.5可以看出，2008～2018年东部地区产业结构高级化水平高于全国产业结构高级化平均水平；而中部、西部地区产业结构高级化水平差别不大，且均低于全国产业结构高级化平均水平。由图3.6可以看出，以2018年为例，产业结构高级化水平最高的地区为北京，为4.35，最低的地区除去西藏外是陕西，为0.86，即北京的产业结构高级化水平是最低水平陕西的5.06倍。与东部相比，中部和西部地区的产业结构高级化水平较低。

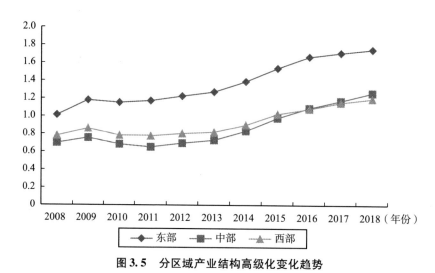

图3.5 分区域产业结构高级化变化趋势

资料来源：笔者根据《中国统计年鉴》数据计算而得。

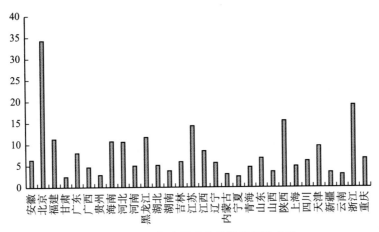

图 3.6 2018 年中国产业结构高级化水平

资料来源：笔者根据《中国统计年鉴》数据计算而得。

3.1.3 中国产业结构合理化

产业结构合理化即合理配置生产要素，进一步促进各产业的协调发展。产业结构合理化在一定程度上可以反映产业之间的结构转换和有效利用资源的能力，在生产要素和产业之间的合理分配程度上有直观的体现。合理化意味着高效率的配置和耦合质量，在经济发展增加的同时，减少雾霾污染。产业结构合理化可以采用泰尔（Theil）指数的倒数进行衡量（Gan et al.，2011；Zhou and Zhang.，2013；Cheng et al.，2018）。

$$1/ISR = \sum_{i=1}^{n} \left(\frac{Y_i}{Y} \right) \ln \left(\frac{Y_i}{L_i} \Big/ \frac{Y}{L} \right) = \sum_{i=1}^{n} \left(\frac{Y_i}{Y} \right) \ln \left(\frac{Y_i}{Y} \Big/ \frac{L_i}{L} \right) \quad (3.1)$$

其中，i 表示第 i 产业，n 表示产业部门数，Y 表示总产值，L 表示总的就业人数，Y_i 表示 i 产业产值，L_i 表示 i 产业就业人数。当 Y_i/Y 与 L_i/L 相同时，说明劳动力在每个产业部门的边际产出相同，意味着各个产业部门的资源达成了最佳分配，在这种时候产业结构处于平衡状态，产业结构最合理。但是在通常情况下，特别是在发展中国家，产业结构通常不能达到均衡的状态，即当 $1/ISR$ 等于 0 时，产业结构处于最理想状态，$1/ISR$ 越大，则表示产业结构越不合理。为了描述的一致性，本书将指数的倒数作为产业结构合理化的衡量标准，也就是 ISR 数值越大，产业结构越合理。为了得到中国产业结构的合理化发展情况，本书将三大产业的产值和就业结构进行综合分析，利用泰尔系数和 2008～2018 年的三大产业相关统计数据，计算出我国产业结构的偏离度，如图 3.7 所示。

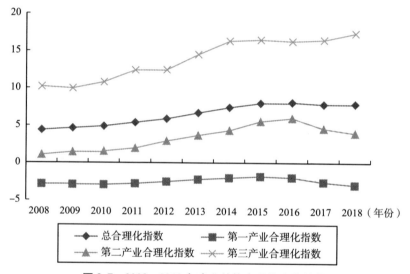

图 3.7　2008～2018 年产业结构合理化变化趋势

资料来源：笔者根据《中国统计年鉴》数据计算而得。

2008～2018 年，产业结构合理化程度在波动中上升，从 2008 年的 4.39 上升至 2018 年的 7.90，上升 79.95%，产业结构失衡明显改善。第一产业合理化指数为负，第一产业产值相比就业比重较为落后，第一产业里劳动力剩余情况较为普遍，其生产率较低，需要转移剩余劳动力；第二产业和第三产业结构偏离度都为正数，第二产业合理化指数均小于第三产业，第二产业更为失衡。第一、第二产业的结构均失衡。第三产业合理化程度相对较高，不代表第三产业结构协调，而是由于其比重增长缓慢，就业比重的增长被制约。总体来看，第二产业和第三产业产业结构合理化指数都有所上升，符合配第—克拉克定律，即劳动力由第一产业向第二、第三产业转移。

产业结构合理化的地区差异始终存在。由图 3.8 可以看出，2008 ~ 2018 年中国东部地区产业结构合理化水平高于全国；中部地区和西部地区产业结构合理化水平低于全国，且中部、西部地区差别不大。同时可以看出，中部和西部地区产业结构合理化水平逐年升高；东部地区产业结构合理化水平在 2017 年之后有短暂下降，但是在 2018 年产业结构合理化水平还是高于 2008 年。根据《中国区域经济发展报告（2014 ~ 2015）》，东部及沿海地区加快实行区域产业转移，转移扩散资源密集型和劳动密集型产业，因此产业结构合理化水平在 2015 年有较大提高，在这之后东部地区集中力量发展高技术产业和高端制造业，因此产业结构合理化水平下降。由图 3.9 可以看出，以 2018 年为例，产业结构合理化水平最高的地区是北京，为 34.26，最低的地区除去西藏外是甘肃，为 2.43，即北京的产业结构合理化水平是最低水平甘肃的 14.1 倍。这也反映出，相对于东部地区而言，中西部地区产业结构合理化水平较低，产业结构合理化区域差异较大。由于人均 GDP 和产业结构偏离度显著负相关，国家的产业结构趋于合理化，其失衡会逐渐得到矫正，这也解释了我国东部地区相较于西部与中部地区的差异情况，即经济发展更好的地区产业结构合理化程度更高。相较于美国的情况，据邹圆（2016）计算得到在 2001 ~ 2010 年，美国产业结构偏离度的平均值倒数为 1538。因此，相较于美国，中国的产业结构失衡状况仍然比较严重。

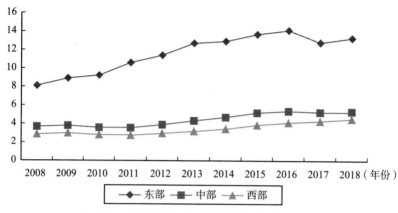

图 3.8 分区域中国产业结构合理化变化趋势

资料来源：笔者根据《中国统计年鉴》数据计算而得。

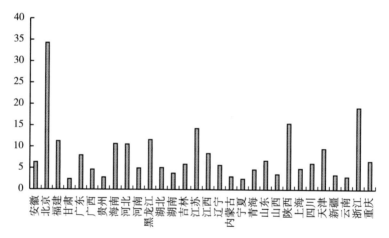

图 3.9 2018 年中国产业结构合理化水平

资料来源：笔者根据《中国统计年鉴》数据计算而得。

3.1.4 中国产业结构关联现状

进行产业结构调整，能够使经济优势得到恰当发挥，资源得到有效利用，并能启动经济发展的内在动力，促使经济持续、稳定、协调地长期增长（黄桂田和齐伟，2010），各产业部门间技术经济联系复杂且密切，在产业结构调整的过程中，产业关联是十分重要的考虑要素。产业关联是国民经济各部门在社会生产过程中所形成的直接和间接的相互依存、相互制约的一种经济联系。在制定产业政策时，从产业关联角度对各部门在产业结构中的地位和作用进行科学的分析，有利于产业结构调整。本书引入统计局 2019 年 12 月发布的《2017 年中国投入产出表》，根据国家统计局发布的《三次产业分类》，将 149 个部门投入产出表合并为只有第一产业、第二产业、第三产业的三次产业投入产出表。

直接消耗系数指单位总产出，产品的直接消耗量，即第 j 部门生产单位产品对第 i 部门产品或服务的直接消耗数量，公式表示为：

$$a_{ij} = x_{ij}/X_j \quad (i, j = 1, 2, 3) \tag{3.2}$$

其中，x_{ij} 表示 j 产业生产直接消耗 i 产业产品数量，X_j 是 j 部门的总投入。根据公式算出直接消耗系数矩阵如表 3.1 所示。

表 3.1 直接消耗系数

产业部门	第一产业	第二产业	第三产业
第一产业	0.1102	0.0466	0.0079
第二产业	0.1985	0.5611	0.1633
第三产业	0.0910	0.1470	0.2935

资料来源：笔者根据《2017 年中国投入产出表》计算而得。

由表 3.1 可以看出，第一产业每生产 1 亿元产品，直接消耗第一产业产品或劳动价值 1102 万元，直接消耗第二产业、第三产业分别为 1985 万元、910 万元，可见第一产业产品的生产对第二产业依赖程度最高，其次是对自身的依赖程度，对第三产业依赖程度最低。第二产业每生产 1 亿元产品，直接消耗第一产业产品或劳动价值 466 万元，直接消耗第二产业、第三产业分别为 5611 万元、1470 万元，可见第二产业产品的生产对自身依赖程度最高，其次是对第三产业的依赖程度，对第一产业依赖程度最低。第三产业每生产 1 亿元产品，直接消耗第一、第二、第三产业产品或劳动价值分别为 79 万元、1633 万元、2935 万元，可见第三产业产品的生产对自身依赖程度最高，其次是对第二产业的依赖程度，对第一产业依赖程度最低。可以看出，中国第二产业和第三产业需要大量对方提供的中间产品，依赖度较高，而第一产业受其他产业的直接影响较小，科研成果的投入以及金融行业和工业对第一产业的支持较弱等，这也使得中国农业发展长期以来受附加值低、科技水平不高、现代化程度低等因素制约。

接着计算中国各产业完全消耗系数，完全消耗系数是指第 j 部门每提供单位最终产品，直接和全部间接消耗各部门产品或服务的总和，等于直接消耗系数加上全部的间接消耗系数，记为 b_{ij}。完全消耗系数指部门间直接联系、间接联系，与直接消耗系数，都是表示这个产业被其他产业依赖的程度。完全消耗系数矩阵的计算公式为：

$$B = (I - A)^{-1} - I \tag{3.3}$$

其中，I 是单位矩阵，A 是直接消耗系数矩阵。

由表 3.2 可知，第一产业每生产 1 亿元的产品，需要完全消耗第一、第二、第三产业分别为 1593 万元、6285 万元、2801 万元的产品或服务，表现出对第二产业最高的完全依赖程度，即第一产业的产品生产间接消耗了大量第二产业的中间产品，与之前直接消耗系数得出的结论不符，这是由于目前第一产业间接需要第二产业、第三产业的生产服务支持，产业结构高级化也会间接提高国民经济增长对第一产业发展的拉动能力。第二产业每生产 1 亿元的服务产品，需要完全消耗第一、第二、第三产业分别为 1382 万元、15446 万元、5472 万元的产品或服务，表现出对自身较高的完全依赖程度，即第二产业的产品或服务生产间接消耗了大量第二产业的中间产品，与之前直接消耗系数得出的结论相符合。第三产业每生产 1 亿元的服务产品，需要完全消耗第一、第二、第三产业分别为 450 万元、5953 万元、5451 万元的产品或服务，对第二产业的完全依赖程度最高。总体上看，中国第二产业是拉动第一、第二、第三产业发展的主力行业，因此产业结构高级化具有拉动国民经济增长的巨大潜力。

表 3.2 完全消耗系数

产业部门	第一产业	第二产业	第三产业
第一产业	0.1593	0.1382	0.0450
第二产业	0.6285	1.5446	0.5953
第三产业	0.2801	0.5472	0.5451

资料来源：笔者根据《2017 年中国投入产出表》计算而得。

影响力是一个产业影响其他产业的程度，影响力系数为某产业的影响力与国民经济各产业影响力的平均数的比值。一个产业的影响力系数越大，其对国民经济的拉动作用越大。感应度则是一个产业受其他产业影响的程度。感应度系数是某产业的感应度与国民经济各产业平均感应度的比值（刘军，2004）。如表 3.3 所示，影响力方面，第二产业最高，为 3.23；其次是第三产业影响力，为 2.1854；第一产业影响力最低，为 2.0679，即第二产业对国民经济推动能力最高，第二产业每增加 1 万元的最终产品，将会推动国民经济增加 3.23 万元的总产出。另外，第二产业的影响力系数最高，为 1.2949，高于 1，说明第二产业的经济促进作用高于全社会的平均水平，而第三产业的影响力系数为 0.8761，低于 1，总体上第三产业的影响力还不够高，对国民经济的推动力还没达到预期的效果。这反映了第三产业向第二产业和第一产业提供生产服务数量不多，现代服务功能不够完善，创新机制还不够健全等特点。感应度方面，第二产业感应度最高，为 3.7683，表示国民经济各产业都增加 1 万元最终产品，会拉动第二产业增加 3.7683 万元的总产出，第三产业感应度次之，为2.3724，第一产业最低，为1.3426。而第二产业的感应度系数为1.5107，高于全部产业平均水平，第三产业感应度系数为0.9511，低于全部产业平均水平，且低于第二产业的水平；这说明我国当前调整产业结构的重点应在推动第三产业发展上，当前主要的问题在于生活水平较低、社会化和专业化程度不足等方面，发展第三产业能够进一步推进产业结构高级化和合理化。

表3.3 影响力、感应度及其系数

产业部门	影响力	影响力系数	感应度	感应度系数
第一产业	2.0679	0.8290	1.3426	0.5382
第二产业	3.2300	1.2949	3.7683	1.5107
第三产业	2.1854	0.8761	2.3724	0.9511

资料来源：笔者根据《2017年中国投入产出表》计算而得。

3.2 中国雾霾污染发展趋势及特征[*]

2013年以来，中国多地尤其是北方地区在冬天经常性发生雾霾天气。根据中国气象局出台的《霾的观测和预报等级》，霾天气就是"大量极细微的干尘粒等均匀地浮游在空中，使水平能见度小于10千米的空气，普遍有混浊现象"。霾污染是由人为排放的大量气体污染物，包括一次颗粒物和由气态污染物经过化学转化而形成的二次颗粒物悬浮在近地层大气中而造成的污染现象。雾霾是雾和霾的统称，雾是因水汽凝结导致水平能见度低于1000米的天气现象，雾的本身并不是污染。霾主要是由空气中的污染物导致，呈灰色

---

[*] 本书使用的$PM_{2.5}$浓度数据根据刘海猛等（2018）和陈恭军（2022）使用的卫星监测数据，并参考陈诗一和陈登科（2018）与邵帅等（2019）对数据进行解析，下同。

或黄色。气象上区别雾和霾的主要依据是能见度大小和相对湿度的高低。$PM_{2.5}$ 对中国空气质量影响较大，是空气质量指数（AQI）的重要指标。$PM_{2.5}$ 污染不仅对人体产生不良的健康效应，还会降低能见度、影响交通安全和城市景观，对农作物产量和生态系统也会产生影响。

3.2.1 中国雾霾污染现状及趋势分析

根据生态环境部发布的《2018 年全国生态环境质量简况》，在全国 338 个地级及以上城市[①]（以下简称 338 个城市）中，2018 年 121 个城市空气质量达标，相比 2017 年，上升了 6.5 个百分点，但是仅占全部城市的 35.8%，全国有 217 个城市环境空气质量超标，占 64.2%，其中 $PM_{2.5}$ 的平均浓度为 41 微克/立方米，相比 2017 年下降了 6.8%[②]。

图 3.10 比较了 2018 年世界部分城市的雾霾污染浓度水平，从图中可以看出，日本、欧洲主要城市在 10～15 微克/立方米区间，北美主要城市小于世界卫生组织建议的雾霾污染范围（每立方米 10 微克）。中国主要城市平均雾霾污染浓度在 30～60 微克/立方米区间，远高于世界其他主要城市，中国的雾霾污染防治工作应当进一步推进。

为了探究 $PM_{2.5}$ 浓度这十年来的变化特征，计算中国 $PM_{2.5}$ 的平均浓度，并进行箱线图的绘制，如图 3.11 所示，可以看出 $PM_{2.5}$ 浓度经历了先上升后下降的特征，2008～2010 年雾霾污染浓度上升较为缓慢，这是因为世界金融危机在一定程度上冲击了中国的经济，中国经济增速有所降低，从 2011 年开始，随着经济复苏，雾霾污染快速回升，这与 2011 年之后发生的大规模、长时间、连续性的雾霾污染天气的事实相符合，同时从图 3.12 中可以看出，低

---

① 地级及以上城市含直辖市、地级市、地区、自治州和盟。
② 生态环境部. 生态环境部发布《2018 年全国生态环境质量简况》[EB/OL].（2019-3-18）[2019-3-18]. https://www.mee.gov.cn/xxgk2018/xxgk/xxgk15/201903/t20190318_696301.html.

浓度值地区变化相较于高浓度值的变化较小。

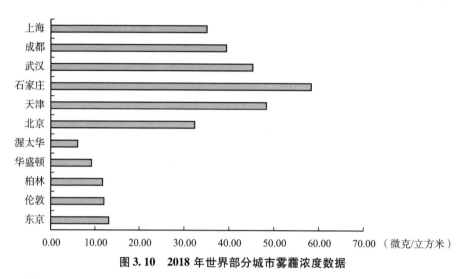

图 3.10 2018 年世界部分城市雾霾浓度数据

资料来源：绿色和平组织和 Air Visual 联合发布的《2018 年世界空气质量报告》。

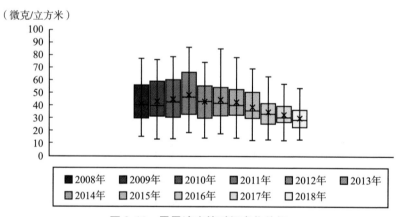

图 3.11 雾霾浓度的时间变化特征

资料来源：笔者根据卫星监测的 $PM_{2.5}$ 浓度数据计算而得。

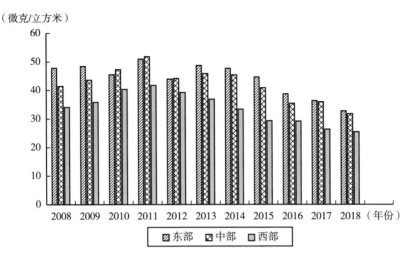

图 3.12　中国东部、中部、西部地区雾霾浓度趋势

资料来源：笔者根据卫星监测的 $PM_{2.5}$ 浓度数据计算而得。

3.2.2　中国区域雾霾污染特征

进一步对我国雾霾污染的区域特征进行分析，如图 3.12 所示。

东部地区和中部地区雾霾污染较为严重，西部地区雾霾污染浓度相对较低[①]。并且可以发现，仅有东部地区雾霾污染浓度在 2010 年受全球金融危机影响而下降，且除西部地区外，东部和中部地区都在 2012 年出现短暂的雾霾浓度下降，而在 2013 年出现了雾霾回弹的现象，这与 2013 年 12 月 2 日至 12 月 14 日发生的中东部严重雾霾事件相符。从 2016 年开始，东部、中部和西部地区的雾霾污染都开始平稳下降，说明雾霾污染治理政策效果显现。

---

① 东部地区：北京、天津、河北、上海、江苏、浙江、福建、山东、广东、海南、辽宁；中部地区：山西、黑龙江、吉林、安徽、江西、河南、湖北、湖南、内蒙古；西部地区：广西、四川、重庆、贵州、云南、陕西、甘肃、青海、宁夏、新疆。

3.3 产业结构与中国雾霾污染的关系分析

雾霾的形成因素有很多，其中以工业污染、生活排污、尾气排放为主，人类活动产生的污染物是雾霾形成的主要原因。雾霾在全球范围内广泛分布，但不同地方的雾霾形成机理、成分、强度和分布广度都有所不同（顾为东，2014），其形成过程是一个动态变化的过程，形成诱因也各不相同。而大部分学者认为，中国东部、中部地区雾霾天气的形成与地区产业结构有着密切联系（李智江和唐德才，2018；戴宏伟和回莹，2019），因为该地区的资源利用效率、能源消耗总量和单位 GDP 耗能水平和产业结构情况密切相关，东部地区的雾霾天气受其产业结构过度重型化影响有频发趋势。

在由计划经济体制向市场经济体制转型的背景下，中国工业比重变化与国际上其他国家工业化的一般规律一直存在明显的偏离。具体而言，中国工业比重始终高于多数人均收入水平相当的其他国家或地区，而且重工业所占比例偏高（付保宗，2014）。中国工业发展走的是一条"先重工业、后轻工业、再重工业"的发展道路，1999 年后，中国经济高速增长，产业结构趋向重工业化，其产值增速远超于轻工业，重工业产值占比在十年间，从 49.2%（1999 年）上升到 71.3%（2008 年）（简新华和叶林，2011），相比轻工业，重工业消耗了更多的能源，也带来了更多的污染（薛婕，2012）。

3.3.1 产业结构与中国雾霾污染发展趋势的关系

前面分别考察了中国产业结构和中国雾霾污染的现状，接下来对二者的关系进行进一步的分析。产业结构高级化水平由各地区第三产业增加值与第二产业增加值的比重来衡量，产业结构合理化水平由公式（3.1）计算得到，数据来源于 2009～2019 年的《中国统计年鉴》。

图 3.13 报告了 2008～2018 年产业结构高级化、合理化与雾霾污染浓度趋势，产业结构高级化水平和产业结构合理化水平都呈现出共同增长的趋势，而随着中国产业结构优化升级，中国雾霾污染则在 2011 年前逐年增加，在 2014 年之后下降，这可能与中国产业结构转型阶段有关，在 2014 年后产业结构优化升级对中国雾霾污染的正向影响开始凸显。

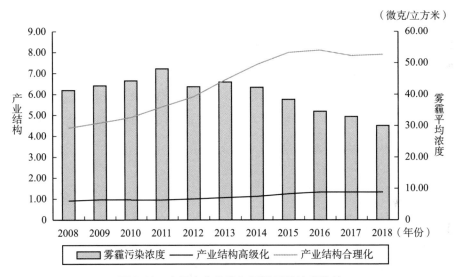

图 3.13　中国产业结构与雾霾平均浓度趋势

资料来源：笔者根据《中国统计年鉴》、卫星监测的 PM$_{2.5}$ 浓度数据计算而得。

3.3.2　产业结构与中国雾霾污染区域分布的关系

图 3.14 报告了 2008～2018 年中国东部地区产业结构与雾霾污染平均浓度的变化趋势，数据显示，在 2014 年之前，产业结构与雾霾污染相关关系不明显，但是在 2017 年，东部地区产业结构合理化水平短暂降低，产业结构高级化程度增高的同时，东部地区雾霾污染浓度进一步下降。但是整体看，东

部地区产业结构高级化水平和产业结构合理化水平远高于中部及西部地区，而东部地区的平均雾霾浓度低于中部地区，产业结构与中国雾霾污染可能存在相关性。在东部地区，产业结构高级化水平更高、更合理，自然资源与能源的利用率较高，在产业结构优化升级过程中技术进步具有溢出效应，高能源消耗、低效率转化和低附加值产业（如钢铁、水泥和冶金等高污染产业）向低能耗、高附加值产业进行转化，当地的能源需求量降低，重污染物排放量减少，从而重度雾霾情况减少（李国学等，2010；胡秋阳，2014），因此中国为改善雾霾污染应进一步对产业结构进行调整。国内外较多学者的研究结论与本书研究初步猜测的观点相似，如杜兹戈伦－艾登（Duzgoren-Aydin，2007）认为，工业的排放导致了当今的雾霾污染；张等（Zhang et al.，2020）认为，环境优化目标的实现取决于产业结构的优化，产业结构调整是协调优化经济发展与环境保护的关键，并且认为中国产业结构的优化升级，取决于产业政策的调整和干预。

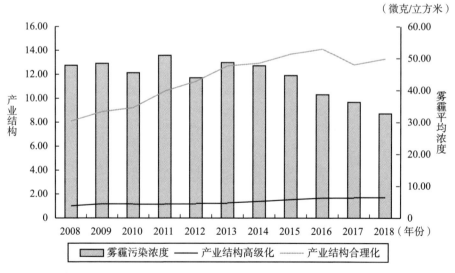

图 3.14　东部地区产业结构与雾霾平均浓度趋势

资料来源：笔者根据《中国区域经济统计年鉴》和卫星监测的 $PM_{2.5}$ 浓度数据计算而得。

图 3.15 报告了 2008 ~ 2018 年中国中部地区产业结构、雾霾浓度的变化趋势，随着中部地区产业结构的优化和升级，雾霾浓度在 2008 ~ 2018 年先增加后减少，在 2011 年后开始出现回落。图 3.16 报告了 2008 ~ 2018 年中国西部地区产业结构与雾霾浓度的变化趋势，数据显示，在产业结构优化升级过程中，中国西部地区的雾霾浓度也出现先增加后减少的趋势，二者出现明显分化，西部地区雾霾污染从 2011 年开始出现回落，可以猜测产业结构转型可能与雾霾污染具有非线性关系。国内外较多学者的研究结论与本书研究初步猜测的观点相似，如李鹏（2015）认为，产业结构与环境污染呈现出 "U" 型关系。陈阳等（2018）认为，产业结构对环境污染存在非线性影响。产业结构越过门槛值后对环境污染加剧作用有所减轻，且在 2011 年之前，中部地区雾霾浓度增速高于东部地区雾霾污染浓度的增速，本书猜测这与当地所处的产业结构演进阶段有关。部分学者的研究也认为存在这种情况，李鹏（2016）认为，所处的经济阶段会对产业结构与环境污染具有一定的影响。同

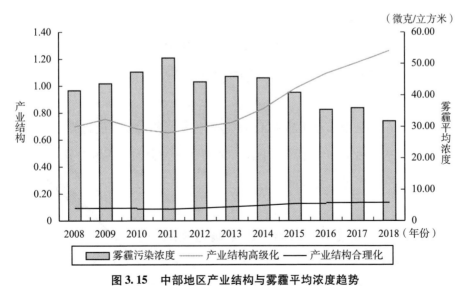

图 3.15　中部地区产业结构与雾霾平均浓度趋势

资料来源：笔者根据《中国区域经济统计年鉴》和卫星监测的 $PM_{2.5}$ 浓度数据计算而得。

时，本书研究发现，相比东部地区，中部地区的产业结构合理化程度和产业结构高级化程度较低，但其雾霾污染比东部地区严重，这是由于相较于东部地区，中部地区产业结构不够合理，但是相较于西部地区又偏重第二产业，导致中部地区雾霾浓度较东部地区和西部地区高。

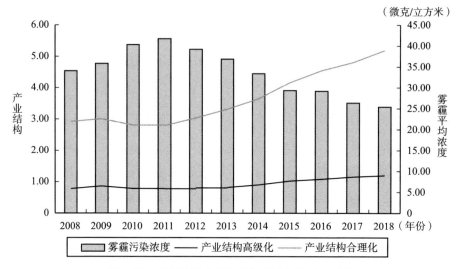

图3.16 西部地区产业结构与雾霾平均浓度趋势

资料来源：笔者根据《中国区域经济统计年鉴》和卫星监测的 $PM_{2.5}$ 浓度数据计算而得。

总之，东部、中部和西部地区的产业结构与雾霾污染发展趋势存在差异，但是产业结构是否对中国雾霾污染具有影响，是否会因为区域差异而具有区域异质性影响需要进一步验证。

3.3.3 产业结构关联与中国雾霾污染的关系

通过已经测算的产业联系感应度系数和影响力系数，计算三次产业联系强度。在单纯考虑产业性质基础上，将各年的产业规模考虑在内，测度三次产业在 2008～2018 年的三次产业结构关联矩阵，计算公式为：

$$C_{ij} = \left[G_i / (G_i + G_j) \right] C_i C_j \tag{3.4}$$

$$C_i = \sum_{i=1}^{3} (S_i T_i) Sc_i a_i \tag{3.5}$$

其中，G_i 为产业部门的生产总值；C_i 为第 i 产业潜在的产业联系能力，其中 S_i 为 i 产业的感应力系数，T_i 为 i 产业的影响力系数，Sc_i 为 i 产业的就业人口规模，a_i 为 i 产业的权重。

并应用社会网络分析法，通过公式计算产业结构关联网络密度，计算公式为：

$$D = 2L / \left[N(N-1) \right] \tag{3.6}$$

其中，N 为网络中节点数量，L 为网络中所有连线数。

图 3.17 报告了 2008～2018 年产业结构关联网络密度与雾霾污染的变化趋势，可以发现，在 2009～2011 年，中国产业结构关联网络密度上升的过程

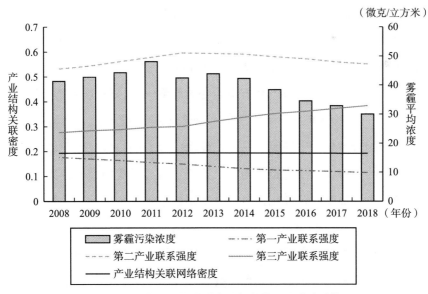

图 3.17 产业结构关联密度与雾霾平均浓度趋势

资料来源：笔者根据《中国区域经济统计年鉴》和卫星监测的 PM$_{2.5}$ 浓度数据计算而得。

中，雾霾污染浓度也随之上升，而产业结构关联网络密度从2011年开始下降，这主要是因为随着产业结构转型升级，第二产业联系强度较高，之后，第三产业联系强度增高，第二产业联系强度下降，产业联系变化代表着产业部门资源的交换，从而对应着不同的生态环境，因此本书猜测产业关联对雾霾污染具有一定的影响，因此在进一步研究中，也应该在考虑产业关联度因素下，研究产业结构调整对雾霾污染的影响，这样更符合经济复杂性特征。

3.4 本章小结

本章对中国产业结构和雾霾污染的现状进行分析，主要发现以下结论：（1）从三大产业的产值结构变动及特点来看，在2008~2018年，第一产业占比持续下降；第二产业在GDP的占比发展较为平缓；第三产业则与第一产业表现出相反的趋势。中国产业结构呈现出优化的趋势，但第一、第二产业比重仍然较高，第三产业发展相对滞后。从三大产业的就业结构变动及特点来看，2008~2018年，中国的劳动力主要由第一产业流向第二、第三产业。从总体来看，劳动力投入与产出结构的变动趋势一致，但在三次产业分布上差异较大。（2）2008~2018年，中国产业结构高级化指数一直处于上升状态；产业结构合理化水平经历了一个在波动中上升的过程，产业结构的失衡改善明显。第一产业合理化指数为负，第二、第三产业的结构偏离度都为正数，且第三产业的结构合理化指数远大于第二产业，中国第一、第二产业的结构失衡，第二产业和第三产业合理化指数上升，符合配第—克拉克定律。中国产业结构高级化和合理化始终存在地区差异，中国东部地区产业结构高级化、合理化水平高于全国的产业结构合理化水平，而中部、西部地区产业结构高级化、合理化平均值始终低于中国产业结构合理化水平。（3）中国第二产业和第三产业相互依赖度较高，第一产业直接受其他产业的影响较小，科研成果的投入以及金融行业和工业对第一产业的支持较弱；第二产业是直接和间接拉动第一、第二、第三产业发展的主力。影响力方面，第二产业影响力最高，第三产业影响力较低，对国民经济的推动力还没达到预期的效果，现代服务功能不够完善，创新机制还不够健全。感应度方面，第二产业感应度最高，中国目前对第三产业的生产服务需求仍然不足。（4）2008~2018年，中国 $PM_{2.5}$ 浓度经历了先上升后下降的过程，中国雾霾防治工作已经取得了一定的成效，但是在 2018 年，中国主要城市平均雾霾污染浓度在 30~60微克/立方米区间，仍属于全世界范围内雾霾污染较严重的区域之一。地区间的雾霾浓度具有较为显著的差异，中国东部、中部地区的雾霾污染浓度较高，还有高浓度区域零散分布在新疆。（5）从全国层面看，随着中国产业结构优化升级，在 2011 年前雾霾污染逐年增加，在 2014 年后雾霾污染开始下降；从东部地区看，2008~2014 年东部地区产业结构与雾霾污染相关关系不明显，在 2014~2018 年，东部地区产业结构合理化程度降低，产业结构高级化程度增高，而东部地区雾霾污染浓度下降；从中部及西部地区看，2008~2018 年，随着中部和西部地区产业结构的优化升级，雾霾浓度先增加后减少；产业结构与中国雾霾污染可能存在相关性。东部地区产业结构高级化水平和产业结构合理化水平远高于中部及西部地区，但是东部地区的平均雾霾浓度比中部地区更低，因此产业结构与中国雾霾污染的相关性存在明显的地区差异。（6）产业关联网络密度先上升后下降，雾霾污染浓度也随之先上升再下降，产业关联对雾霾污染可能具有一定的影响。

| 第4章 |

产业结构调整对雾霾污染的空间效应

雾霾污染因为天气等气象条件在空间上具有扩散的特征，即空间溢出效应（空间依赖性）。与此同时，中心地区产业结构升级是影响经济辐射因素之一，可能存在辐射效应（唐继发，2009）。可见空间的相关性是研究中不可忽视的重要因素，而根据第3章的分析发现，不同区域的产业结构变动与雾霾污染之间的关系也可能存在着空间异质性的特征，因此本章先检验雾霾污染和产业结构的空间依赖性，再对产业结构影响中国雾霾污染的区域空间异质性特征进行检验，并以此为基准对区域进行划分，之后基于 STIRPAT 模型构建全国、东部、中部、西部地区以及区域间产业结构影响中国雾霾污染的空间计量模型，探究区域内和区域间产业结构调整对雾霾污染的影响及其空间溢出效应。

4.1 产业结构与雾霾污染的探索性空间分析

本章首先采用探索性空间数据分析法（EDSA），分别选取 30 个省份 2008 ~ 2018 年的数据，借鉴邵帅等（2016）的研究，对雾霾污染、产业结构的空间依赖性特征进行检验，奠定后续空间计量分析研究的基础。雾霾浓度（PM$_{2.5}$）来自卫星监测数据，应用 ArGIS 对栅格数据进行解析，获得中国 30 个省份（其中不包括香港、澳门、台湾、西藏）2008 ~ 2018 年的年均 PM$_{2.5}$ 浓度数据。三次产业结构数据来自 2009 ~ 2019 年的《中国城市统计年鉴》及各省份统计年鉴。

4.1.1 产业结构与雾霾污染全域空间自相关检验

首先通过 Moran's I 指数和 Geary's C 指数对全域空间依赖性，即空间数据在整个系统的分布特征进行检验。Moran's I 指数大于 0 时，即存在空间正相关，高（低）污染与高（低）污染地区集聚；小于 0 则存在空间负相关，表现为高（低）污染与低（高）污染地区集聚；等于 0 则不存在空间依赖性。Geary's C 指数小于 1 时，空间正相关关系存在；大于 1 则存在空间负相关关系；当等于 1 时则没有空间依赖性关系。根据投入产出理论，产业结构也可能受到经济社会溢出效应的影响，因此本书选择应用地理矩阵、经济矩阵、经济地理嵌套权重矩阵和经济地理权重矩阵（邵帅等，2016），以此为基础检验产业结构调整对雾霾污染的空间依赖性，在此基础上对矩阵进行选择。矩阵的计算公式如下：

$$W_1 = \begin{cases} \dfrac{1}{d^2}, & i \neq j \\ 0, & i = j \end{cases} \tag{4.1}$$

$$W_2 = \begin{cases} \dfrac{1}{|y_i - y_j|}, & i \neq j \\ 0, & i = j \end{cases} \tag{4.2}$$

$$W_3 = \varphi W_1 + (1 - \varphi) W_2 \tag{4.3}$$

$$W_4 = W_1 \times W_2 \tag{4.4}$$

在式（4.1）中，W_1 为地理衰减法构建的空间权重矩阵，其中 d 为两地区中心位置之间的距离；在式（4.2）中，W_2 为经济距离空间权重矩阵，y_i 和 y_j 分别表示区域 i 和区域 j 的人均 GDP；式（4.3）中，W_3 为经济距离嵌套权重矩阵，W_1 为地理衰减法构建的空间权重矩阵，W_2 为经济距离空间权重矩阵，其中 φ 取值范围为 $0 \sim 1$（严雅雪和齐绍洲，2017）；在式（4.4）中，W_4 为经济地理权重矩阵，W_1 为地理衰减法构建的空间权重矩阵，W_2 为经济距离空间权重矩阵。W_3 和 W_4 同时考虑了经济与地理的空间影响。

表 4.1 显示，应用地理权重矩阵（W_1）、经济地理嵌套权重矩阵（W_3）和经济地理权重矩阵（W_4）时，Moran's I 指数大于 0；Geary's C 指数小于 1 且均显著。但在经济权重矩阵（W_2）下，Moran's I 和 Geary's C 统计指数均不显著，说明雾霾污染的空间相关性并不具有单纯经济发展差异上的空间关联特征，而是在地理空间关联及地理和经济的综合空间关联特征上予以体现的。表 4.2 给出了在 2008～2018 年产业结构升级（IS）（40% 第二产业占总产值的比重 + 60% 第三产业占总产值的比重）的全域空间 Moran's I 和 Geary's C 统计指数（汪艳涛和张娅娅，2020）。在地理权重矩阵（W_1）、经济地理嵌套权重矩阵（W_3）和经济地理权重矩阵（W_4）下，产业结构升级的 Moran's I 指数大于 0 而 Geary's C 指数小于 1。雾霾污染具有显著的空间溢出效应，产业结构升级具有空间辐射效应。

表 4.1　2008～2018 年 PM$_{2.5}$ 污染的全域空间 Moran's I 和 Geary's C 统计指数

年份	地理矩阵（W_1）		经济矩阵（W_2）		经济地理嵌套权重矩阵（W_3）		经济地理权重矩阵（W_4）	
	Moran's I	Geary's C	Moran's I	Geary's C	Moran's I	Geary's C	Moran's I	Geary's C
2008	0.215 ***	0.769 **	0.096	0.877	0.157 ***	0.853 **	0.076 ***	0.905 **
2009	0.243 ***	0.735 ***	0.137	0.872	0.215 ***	0.819 ***	0.092 ***	0.882 ***
2010	0.233 ***	0.722 ***	0.111	0.927	0.188 ***	0.845 ***	0.079 ***	0.886 ***
2011	0.228 ***	0.737 ***	0.099	0.913	0.191 ***	0.835 ***	0.082 ***	0.891 ***
2012	0.214 ***	0.737 ****	0.090	0.962	0.181 ***	0.852 ***	0.071 ***	0.888 ***
2013	0.269 ***	0.724 ***	0.070	0.907	0.159 ***	0.860 ***	0.101 ***	0.890 ***
2014	0.283 ***	0.713 ***	0.095	0.866	0.170 ***	0.843 ***	0.115 ***	0.878 ***
2015	0.292 ***	0.696 ***	0.106	0.862	0.186 ***	0.827 ***	0.125 ***	0.866 ***
2016	0.258 ***	0.730 ***	0.073	0.909	0.155 ***	0.869 **	0.098 ***	0.889 ***
2017	0.268 ***	0.722 ***	0.061	0.912	0.152 ***	0.861 **	0.110 ***	0.881 ***
2018	0.280 ***	0.708 ***	0.012	0.975	0.113 ***	0.908 *	0.106 ***	0.880 ***

注：***、**、* 分别表示 1%、5% 和 10% 的显著性水平。

表 4.2　2008～2018 年产业结构升级的全域空间 Moran's I 和 Geary's C 统计指数

年份	地理矩阵（W_1）		经济矩阵（W_2）		经济地理嵌套权重矩阵（W_3）		经济地理权重矩阵（W_4）	
	Moran's I	Geary's C	Moran's I	Geary's C	Moran's I	Geary's C	Moran's I	Geary's C
2008	0.242 ***	0.822 *	0.673 ***	0.422 ***	0.223 ***	0.822 **	0.069 ***	0.933 *
2009	0.248 ***	0.816 *	0.714 ***	0.388 ***	0.228 ***	0.808 ***	0.064 ***	0.938 *
2010	0.260 ***	0.796 *	0.714 ***	0.379 ***	0.243 ***	0.787 ***	0.069 ***	0.927 *
2011	0.273 ***	0.798 *	0.733 ***	0.360 ***	0.255 ***	0.779 ***	0.072 ***	0.931 *
2012	0.272 ***	0.799 *	0.740 ***	0.349 ***	0.255 ***	0.774 ***	0.072 ***	0.931 *
2013	0.273 ***	0.799 *	0.762 ***	0.328 ***	0.267 ***	0.764 **	0.071 ***	0.933 *
2014	0.267 ***	0.807 *	0.760 ***	0.328 ***	0.256 ***	0.770 ***	0.071 ***	0.935 *

年份	地理矩阵（W_1）		经济矩阵（W_2）		经济地理嵌套权重矩阵（W_3）		经济地理权重矩阵（W_4）	
	Moran's I	Geary's C	Moran's I	Geary's C	Moran's I	Geary's C	Moran's I	Geary's C
2015	0.271***	0.802*	0.732***	0.350***	0.248***	0.775***	0.076***	0.929*
2016	0.294***	0.770***	0.734***	0.343***	0.263***	0.760***	0.089***	0.911*
2017	0.308***	0.756**	0.755***	0.326***	0.288***	0.738***	0.095***	0.904*
2018	0.302***	0.754**	0.750***	0.333***	0.291***	0.734***	0.094***	0.901*

注：***、**、*分别表示1%、5%和10%的显著性水平。

4.1.2 产业结构与雾霾局域空间依赖性检验

用局部 Moran's I 进一步分析局部地区的非典型性特征（Anselin，1995），其表达式为：

$$I_i = \frac{A_i - \bar{A}}{S^2} \sum_{j=1}^{n} W_{ij}(A_i - \bar{A}) \tag{4.5}$$

样本可以被划分为四种模式：H-H（高—高），即高污染与高污染临接；L-L（低—低），即低污染与低污染区域临接；H-L（高—低），即高污染与低污染区域临接；L-H（低—高），即低污染与高污染区域临接。这里以地理权重矩阵（W_1）为代表矩阵进行分析。

图 4.1 给出了 2008 年、2013 年和 2018 年为代表年份的省域 PM$_{2.5}$污染分布散点图。横轴表示标准化的 PM$_{2.5}$污染浓度值，纵轴表示 PM$_{2.5}$污染浓度的滞后值，该图分为四个象限，第一象限为高—高型正相关、第三象限为低—低正相关，第二、第四象限则表示负相关区域。位于第一、第三象限，呈现出空间正相关区域较多，雾霾污染正向空间溢出效应显著。

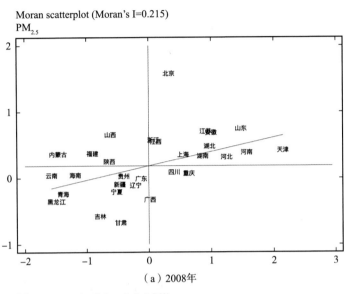

（a）2008年

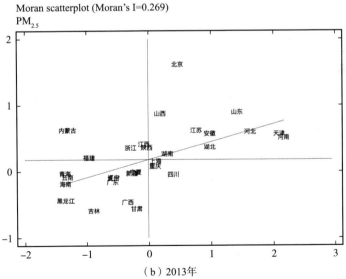

（b）2013年

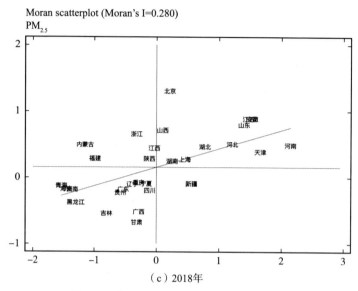

图 4.1　中国各地区 PM$_{2.5}$污染的 Moran's I

　　图 4.2 给出了 2008 年、2013 年和 2018 年为代表年份的中国省域产业结构升级的散点图,横轴为产业结构升级指数的标准化,纵轴为产业结构升级指数的滞后值。从图 4.1、图 4.2 可以看出,空间正相关区域较多,雾霾污染和产业结构升级正向空间溢出效应显著。同时从各地区雾霾污染和产业升级的散点图可以看出,2008 年、2013 年产业结构升级与中国雾霾污染均处于高值集聚区的有福建、江苏、浙江、上海、北京、天津,主要集中于京津冀、长三角地区以及周边等东部省份地区,这些地区是最早实现产业结构升级的地区,最早进入工业化,但并没有进行与其经济实力相匹配的环境污染治理工作(孙华臣和卢华,2013)。2008 年、2013 年云南、海南、青海、新疆、贵州、甘肃、广西、宁夏的产业结构升级与中国雾霾污染均处于低值集聚,这些地区多为西部地区,这些地区产业结构升级进程较慢,基础设施较为缺乏,人力资本存量相对于东部、中部较低。根据 EKC 理论和克拉克—配第理论,当经济发展水平较低时,产业结构更加偏向第一产业,西部地区的生态环境自净能力对冲了雾霾污染外溢效应,因此西部雾霾污染程度较低。

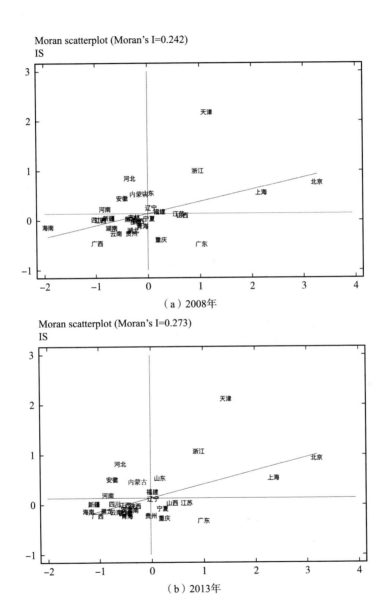

Moran scatterplot (Moran's I=0.242)

（a）2008年

Moran scatterplot (Moran's I=0.273)

（b）2013年

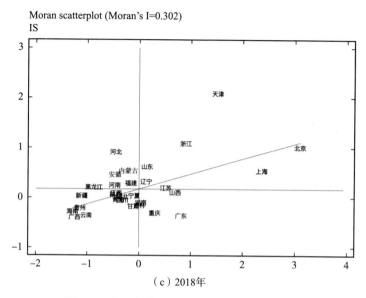

Moran scatterplot (Moran's I=0.302)

（c）2018年

图 4.2 中国各地区产业结构升级的 Moran's I

4.2 产业结构调整影响雾霾污染的空间异质性分析

4.2.1 模型构建与指标选取

4.2.1.1 产业结构与雾霾污染的计量模型构建

第4.1节分析发现产业结构与雾霾污染具有显著的空间依赖性，因此空间因素和时期因素需要同时被考虑，在接下来的分析中，将采用空间计量模型进行深入分析。环境库兹涅茨曲线（EKC）概念的提出奠定了经济增长和环境污染间关系研究的理论基础，它认为，环境质量与经济增长呈倒"U"型关系，即在经济增长初期环境质量会逐步恶化，但在经过某个临界点后会与经济增长同步。经济的持续发展伴随着产业结构的演进，产业结构是促进经济发展的重要因素，经济发展反过来又促进产业结构的进一步发展和调整（区桂恒，1997）。接着，IPAT 环境污染模型被提出（Holdren and Ehrlich，1974），即环境是人口、经济和技术共同作用的结果。之后，迪兹和罗莎（Dietz and Rosa，1994）对 IPAT 模型进行了修正，提出的 STIRPAT 模型得到广泛运用。STIRPAT 模型的一大优势就是既允许将各系数作为参数进行估计，又允许对各影响因子进行适当的分解和改进（Poumanyvong and Kaneko，2010；Shao et al.，2011，Liddle，2013）。具体就本书研究而言，式（4.6）中 P 即为雾霾污染，用 PM 表示；P 以总人口 Pop 表示；A 用人均生产总值 $Agdp$ 来衡量；对于 T 而言，邦加茨（Bongaarts，1992）认为，不同的经济结构可以映射不同水平的技术，马丁内斯 – 扎佐索等（Martínez-Zarzoso et al.，2007）、马丁内斯 – 扎佐索和马鲁蒂（Martínez-Zarzoso and Maruotti，2011）使用的是工业增加值占 GDP 的比例，张和林（Zhang and Lin，2012）使用服务业占 GDP 的比例作为 T 的替代变量，因此在本节选择使用产业结构合理化（ISR）和产业结构高级化（ISO）作为替代技术 T 的替代变量，以研究产业结构调整对中国雾霾污染的影响。本节研究建立计量模型如下：

$$\ln PM_{it} = a_0 + a_1 \ln Pop_{it} + a_2 \ln Agdp_{it} + a_3 (\ln Agdp_{it})^2 + a_4 \ln ISR_{it} + e_{it} \quad (4.6)$$

$$\ln PM_{it} = b_0 + b_1 \ln Pop_{it} + b_2 \ln Agdp_{it} + b_3 (\ln Agdp_{it})^2 + b_4 \ln ISO_{it} + \varepsilon_{it} \quad (4.7)$$

其中，PM_{it} 为地区 i 和时期 t 的 PM$_{2.5}$ 浓度，Pop_{it} 为地区 i 和时期 t 的总人口数，$Agdp_{it}$ 为地区 i 和时期 t 的人均生产总值；ISO_{it} 为地区 i 和时期 t 的产业结构高级化程度，由各地区第三产业增加值与第二产业增加值的比重来衡量；ISR_{it} 为第 i 个地区第 t 个时期的产业结构合理化程度，由式（3.1）计算得到；e_{it}、ε_{it} 为误差项，a_0、b_0 为常数项，其余为待估系数。该模型通过控制人口因素、经济因素来分析产业结构调整对雾霾污染的影响。在这里以 PM$_{2.5}$ 浓度为环境压力对象，在模型中分别加入核心解释变量产业结构合理化或产业结构高级化，分析产业结构合理化或产业结构高级化对 PM$_{2.5}$

浓度的影响。

本节研究采用解析的栅格数据，样本包括 30 个省份（不包括香港、澳门、台湾、西藏）2008～2018 年年均 PM$_{2.5}$ 浓度数据。其他社会经济数据来自 2009～2019 年的《中国城市统计年鉴》及各省份统计年鉴。

4.2.1.2 地理加权回归（GWR）模型

GWR 模型被广泛应用于空间分析。GWR 模型是以最小二乘（OLS）模型为基础（吕萍和甄辉，2010），研究在某尺度下空间变化及其影响因素。GWR 模型能够考虑空间的非平稳性，变量间的关系也可以随空间位置的变化而变化，因此可以用于研究影响因素的空间异质性特征。本节基于 GWR 模型，分析产业结构调整对雾霾污染的空间异质性影响，模型一般为（潘竟虎等，2016）：

$$\ln PM_{it} = \beta_{0t}(u_i, v_i) + \sum_m \beta_{mt}(u_i, v_i)x_{imt} + \varepsilon_i \tag{4.8}$$

其中，PM_{it} 为被解释变量，为地区 i、时期 t 的 PM$_{2.5}$ 浓度；目标区域 i 的坐标为（u_i，v_i）；$\beta_{0t}(u_i, v_i)$ 为第 t 个时期的截距项；x_{imt} 为解释变量 x_m 于第 t 个时期在目标区域 i 上的数值；函数 $\beta_{mt}(u_i, v_i)$ 表示第 t 个时期在地理位置 i 上的数值为 $\beta_m(u_i, v_i)$；m 为解释变量的个数；ε_i 为随机扰动项，具体公式如下：

$$\tilde{\beta}_t(u_i, v_i) = \left[X_t^T W(u_i, v_i)X_t\right]^{-1} X_t^T W(u_i, v_i)Y_t \tag{4.9}$$

$$X_t = \begin{bmatrix} x_{11t} & \cdots & x_{1mt} \\ x_{21t} & \cdots & x_{2mt} \\ \vdots & \cdots & \vdots \\ x_{n1t} & \cdots & x_{nmt} \end{bmatrix}, \quad Y_t = \begin{bmatrix} PM_{1t} \\ PM_{2t} \\ \cdots \\ PM_{nt} \end{bmatrix} \tag{4.10}$$

其中，$\tilde{\beta}_t$ 为 β_t 的估计量，n 为空间地域个数，$W(u_i, v_i)$ 为位置 i 对第 n 个研究区的权重，在这里选用 Gauss 函数，表达式为：

$$W(u_i, v_i) = e^{\left[-\left(\frac{1}{2}\right)\left(\frac{d_{ij}}{b}\right)^2\right]} \tag{4.11}$$

其中，d_{ij} 为样本点 i、j 的距离；b 为带宽，距离值与权重间关系的非负衰减参数。本节研究根据最小平方准则，测算观测点真实值与拟合值来确定带宽（Cleveland，1981），具体公式如下：

$$CV_t = \sum_{i=1}^{n} \left[PM_{it} - \widetilde{PM_{\neq it}}(b_t) \right]^2 \tag{4.12}$$

其中，$\widetilde{PM_{\neq it}}(b)$ 是 PM_i 的拟合值，当 CV_t 值达到最小，此时的带宽 b_t 为模型带宽。

4.2.2 产业结构调整影响雾霾污染的空间异质性检验

第 4.1 节通过证实产业结构与雾霾污染的关系，证实了产业结构与空气污染的空间依赖性，在空间局域自相关的分析中发现产业结构与雾霾污染都呈现出显著的区域间的非均衡性。结合现状分析章节中雾霾污染和产业结构区域差异和现状，空间差异性（spatial heterogeneity）是应该被考虑的关键特征之一（吴玉鸣，2007）。因此本节从空间异质性角度出发，探寻产业结构合理化和产业结构高级化影响雾霾污染的空间差异特征。

将式（4.6）、式（4.7）代入地理加权回归模型式（4.9）~式（4.12）中，分别以 2008 年、2012 年和 2018 年作为研究时间节点，以雾霾污染作为因变量，人口、经济作为控制变量，产业结构高级化和产业结构合理化作为关键自变量，测度产业结构调整影响雾霾污染的空间差异特征。在不考虑地理关联特征时，从空间差异的视角来看，东部、中部和西部产业结构影响雾霾污染的系数呈现出显著的阶梯状空间分布格局①。

---

① 由于版权等原因，在本书中所涉及的地图已被删除。如需要空间分布等图片，请联系笔者获取。

4.2.3　基准回归模型

前面检验显示产业结构调整对雾霾污染的影响存在空间异质性特征，其影响系数在区位上呈现出由东到西显著的阶梯状特征。因此，本节将分析中国东部、中部、西部地区产业结构影响雾霾污染的异质性特征。同时，在现有文献的基础上，进行了如下拓展：第一，在研究方法上，选择使用经济地理嵌套权重矩阵（W_3）构建空间面板模型研究产业结构调整对雾霾污染的影响，经济地理嵌套权重矩阵既考虑了地理距离，也反映了经济关联对区域溢出效应的影响，截面的空间关联更加完整，弥补了以往大多数研究只考虑地理距离的空间影响的研究空白。第二，对异质性区域进行深入研究，在异质性区域（东部、中部、西部）分别应用权重矩阵，在 EKC 模型以及 STIPAT 模型的框架下，构建空间计量模型，对产业结构调整雾霾污染效应的估计更加全面。

首先，进行全国 OLS 模型、固定效应（FE）模型和随机效应（RE）模型的回归分析，选择最为准确的模型；其次，在全国、东部、中部、西部地区的区域划分进行空间回归分析，基准回归模型如下所示：

$$\ln PM_{it} = a_0 + a_1 \ln Pop_{it} + a_2 \ln Agdp_{it} + a_3 (\ln Agdp_{it})^2 + a_4 \ln ISO_{it} + e_{it} \quad (4.13)$$

$$\ln PM_{it} = b_0 + b_1 \ln Pop_{it} + b_2 \ln Agdp_{it} + b_3 (\ln Agdp_{it})^2 + b_4 \ln ISR_{it} + \varepsilon_{it} \quad (4.14)$$

其中，PM_{it} 为地区 i 时期 t 的 $PM_{2.5}$ 浓度，Pop_{it} 为地区 i 时期 t 的总人口数，$Agdp_{it}$ 为地区 i 时期 t 的人均生产总值，ISO_{it} 为地区 i 时期 t 的产业结构高级化程度，ISR_{it} 为第 i 个地区第 t 个时期的产业结构合理化程度，e_{it} 和 ε_{it} 为误差项；a_0 和 b_0 为常数项，其他为待估系数。

表 4.3 显示了基准模型的估计结果，通过豪斯曼检验，其卡方 Chi 值为 144.17，在 1% 的水平下显著，结果表明检验结果显著拒绝原假设[1]，因此选

---

[1]　接受原假设表明使用随机效应模型优于固定效应模型，反之则是固定效应模型优于随机效应模型。

择固定效应模型比选择随机效应模型更为合适①。从全国范围来看，在固定效应回归中，产业结构高级化会显著引起雾霾污染的增加，产业结构高级化程度每升高 1%，雾霾污染浓度升高 0.1075%，这可能是由于此时传统型服务业产值比重增高，从而导致雾霾污染增加；而产业结构合理化会显著减少雾霾污染，产业结构合理化程度每升高 1%，雾霾污染浓度下降 0.0145%，产业结构合理化能够有效提升资源配置效率减少雾霾污染。因此在制定政策时，不能光以产业结构高级化为导向，更要考虑产业结构的合理化，而雾霾排放的反弹效应可能就是由于产业结构。

表 4.3　　　　　　　　　　　全国基准模型回归结果

变量	模型 (4.13)			模型 (4.14)		
	OLS	FE	RE	OLS	FE	RE
$\ln ISO$	− 0.1859 ***	0.1075 ***	0.0908 ***			
$\ln ISR$				− 0.0344 ***	− 0.0145 *	− 0.0042
$\ln Agdp$	0.2275	0.6184 ***	0.6220 ***	0.2183	0.6110 ***	0.5960 ***
$\ln Agdp^2$	− 0.0114	− 0.0427 ***	− 0.0428 ***	− 0.0105	− 0.0423 ***	− 0.0414 ***
$\ln Pop$	0.2920 ***	0.2369 ***	0.1426 ***	0.2492 ***	0.1479 **	0.1556 ***
常数项	0.8148	3.2833 ***	1.0055 **	1.1274	2.8424	1.0810 **
F 统计值	166.26 ***	233.99 ***		145.39 ***	65.71 ***	
Wald chi2			845.11 **			904.8 ***
R^2	0.2764	0.2495	0.2385	0.2637	0.2627	0.2647
Hasuman Test	144.17 ***			114.94 ***		

注：（1）*** 、** 、* 分别表示 1%、5%、10% 的显著性水平。
（2）Hausman 检验选择固定效应还是随机效应模型，原假设 H_0：随机效应模型的估计较为有效。

---

① Hausman 检验证实了固定效应模型在此研究中优于随机效应模型，故本节空间面板模型仍采用固定效应模型进行研究。

在其他的控制变量中，人口增长会导致雾霾污染的增加，而人均 GDP 一次项符号在模型中均为正且显著，二次项符号在模型（4.13）和模型（4.14）中均为负，表明雾霾污染与经济增长的关系可能为倒"U"型，即随着经济增长，雾霾污染可能会呈现出先上升后下降的趋势，验证了库兹涅茨曲线在中国的存在。从全国视角来看，模型（4.13）、模型（4.14）的拟合优度均为 0.2～0.3，拟合优度不高，基准面板回归对模型的估计有一定的偏误。由于第 4.1 节已经证实了东部、中部、西部地区存在区域异质性，之后按照东部、中部、西部地区进行分类，进行基准回归①。

如表 4.4 所示，按东部、中部、西部地区回归结果来看，在产业结构高级化方面，所有地区的产业结构高级化都会增加雾霾污染，此时可能是由于传统型服务业产值比重增高，从而导致雾霾污染的增加，也如祝丽云等（2018）所述，产业结构高级化与雾霾污染呈现出非线性特征，即在 2008 年之后，产业结构高级化可能处于正"U"型拐点的右侧，本书也将在第 6 章对这个结论进行验证。在产业结构合理化方面，所有地区的产业结构合理化程度的增加都能减少雾霾污染，这与刘亚清等（2017）和祝丽云等（2018）的研究结果一致，产业结构合理化能够提高资源配置效率，从而减少雾霾污染。

表4.4　　　　　　　　东部、中部、西部地区基准模型回归结果

变量	模型（4.13）			模型（4.14）		
	东部	中部	西部	东部	中部	西部
lnISO	0.0941 ***	0.1264 ***	0.0776 **			
lnISR				−0.0045	−0.0360 ***	−0.0253 *
ln$Agdp$	0.4692	1.8202 ***	0.6381 ***	0.5670 ***	1.4620 ***	0.5854 ***

① 东部地区：北京、天津、河北、上海、江苏、浙江、福建、山东、广东、海南、辽宁；中部地区：山西、黑龙江、吉林、安徽、江西、河南、湖北、湖南、内蒙古；西部地区：广西、四川、重庆、贵州、云南、陕西、甘肃、青海、宁夏、新疆。

变量	模型 (4.13)			模型 (4.14)		
	东部	中部	西部	东部	中部	西部
$\ln Agdp^2$	− 0.0359 ***	− 0.1001 ***	− 0.0457 ***	− 0.0397 ***	− 0.0827 ***	− 0.0420 ***
$\ln Pop$	0.0660	− 0.0975	0.5313 ***	0.0565	0.0834 *	0.1589 ***
常数项	2.4273 *	− 4.8967 *	− 1.2279	1.8323	− 2.8880	− 0.9979
R^2	0.3387	0.1840	0.2557	0.3246	0.2116	0.2795

注： ***、 **、 * 分别表示在 1%、5%、10% 的水平下显著。

对于经济增长而言，在东部、中部、西部地区，人均 GDP 的一次项系数均为负值，人均 GDP 的二次项系数均为正值，且均显著，即随着经济发展，雾霾污染先增加后减少，验证了库兹涅茨曲线在中国东部、中部、西部地区均存在。对于人口因素而言，对于中部与西部地区人口总数的系数均为显著的正数，即人口的增加会在一定程度上加重雾霾污染，对东部地区和西部地区则影响不显著。总体上看，对中国各个地级市进行东部、中部、西部地区分类后进行回归，东部和西部地区模型 (4.13) 和模型 (4.14) 的拟合优度 R^2 都上升了，不同区域产业结构调整影响雾霾污染空间异质性效应明显存在。

4.3 产业结构调整对雾霾污染的空间效应分析

4.3.1 空间回归计量模型设定

为了考察相邻地级市的产业结构调整雾霾污染效应是否存在空间溢出的问题，在空间异质性检验下的地区分类的基础上，在保证结果稳健性的基础上，引入经济地理嵌套权重以及地理权重，构建市级空间回归模型。在第

4.2 节中，发现了东部、中部地区人口越多不一定会导致雾霾污染越严重，为了提高模型的准确性，使用人口密度替换 STIRPAT 模型中的人口因素，将产业结构高级化、产业结构合理化作为技术因素，用人均 GDP 替换经济发展，并综合严雅雪和齐绍洲（2017）及郑等（Zheng et al.，2019）的研究对初始模型进行了进一步修正，模型如下：

$$\ln PM_{it} = a_0 + a_1\ln APOP_{it} + a_2\ln Agdp_{it} + a_3 OPEN_{it} + a_4 INV_{it}$$
$$+ a_5 ENE_{it} + a_6\ln ISO_{it} + e_{it} \tag{4.15}$$

$$\ln PM_{it} = b_0 + b_1\ln APOP_{it} + b_2\ln Agdp_{it} + b_3 OPEN_{it} + b_4 INV_{it}$$
$$+ b_5 ENE_{it} + b_6\ln ISR_{it} + \varepsilon_{it} \tag{4.16}$$

其中，PM_{it} 表示地区 i 时期 t 的 PM$_{2.5}$ 浓度，$APOP_{it}$ 表示地区 i 时期 t 的人口密度，$Agdp_{it}$ 为第 i 个地区的人均生产总值，$OPEN_{it}$ 表示第 i 个地区第 t 个时期的对外开放程度，INV_{it} 表示第 i 个地区第 t 个时期的科技创新程度，ENE_{it} 表示第 i 个地区第 t 个时期的能源消费量；e_{it}、ε_{it} 为误差项，其余为待估常数项。

4.3.2 变量选取与数据描述

被解释变量：雾霾浓度（PM）。本书使用的 PM$_{2.5}$ 浓度数据是卫星监测数据，本书采用 ArcGIS 软件将此栅格数据解析为中国 251 个城市的 2008~2018 年年均 PM$_{2.5}$ 浓度数据（不包括香港、澳门、台湾、西藏）。

核心解释变量：产业结构调整（ISO、ISR）。产业结构调整主要包含产业结构高级化（ISO）、合理化（ISR）（Kuang et al.，2015）。

控制变量：经济发展（$Agdp$），人均地区生产总值代表了各城市的经济增长水平。相比以往文献中直接使用各个地区的 GDP 总值，考虑到人口因素的人均 GDP 更能准确代表当地经济发展水平。

技术创新（*INV*）。技术创新是经济增长的内生动力，为经济发展向可持续方式转变提供绿色动力，减少雾霾污染。参考李牧南等（2016），本书选取投入型变量衡量各城市的科技创新程度，利用城市的科学事业费占财政支出的比例代表科技创新。

能源消费（*ENE*）。能源消费程度也是雾霾污染的重要影响因素。本书考虑到人口因素和地级市数据的可获得性，选择了液化石油气的人均消费量代表能源消费。

开放程度（*OPEN*）。外资的使用情况代表经济领域的对外开放程度，是中国环境污染研究的基本因素之一。在已有的研究结果中，外资与环境质量之间的关系并不明确相关，"污染晕轮"假说认为，外资使用可以通过引入环境友好型技术和产品提高环境质量（许和连和邓玉萍，2012）；"污染避难所"假说则认为，外资使用会通过向东道国转移高污染产业而致其环境质量恶化（List and Co，2000）。参考邵帅（2016），且考虑地级市数据的可获得性，本书采用当年美元汇率换算后，用当年实际使用外资金额占 GDP 的比重度量对外开放程度，考察其对雾霾污染的影响情况。

人口因素（*Pop*）。在第 4.2 节中，发现了东部、中部地区人口越多不一定会引起雾霾污染的增加。为了提高模型的准确性，参考邵帅等（2016）的做法使用人口密度代表人口因素。

以上社会经济数据覆盖时间为 2008 ~ 2018 年，样本量为 251 个城市，来源于《中国城市统计年鉴》《中国统计年鉴》《中国城乡统计年鉴》。

4.3.3 共线性检验及空间相关性检验

4.3.3.1 共线性检验

首先对 251 个城市 2008 ~ 2018 年的面板数据进行共线性检验，消除数据的异方差性，具体结果见表4.5。

表4.5   共线性检验

变量	VIF	1/VIF
ln*ISO*	1.05	0.9567
ln*ISR*	1.10	0.0962
ln*Agdp*	1.87	0.5351
ln*APOP*	1.08	0.9283
ln*OPEN*	1.27	0.7881
ln*ENE*	1.19	0.8406
ln*INV*	1.99	0.5032
Mean VIF	1.36	

从表4.5可以看出，核心解释变量和所有控制变量的方差膨胀因子（VIF）的值均在（0，10）范围内，且远低于10，说明变量之间不存在多重共线性，表明所使用的计量模型结果较为准确。

4.3.3.2 空间相关性检验

首先对地级市雾霾污染、产业结构高级化、产业结构合理化的空间相关性进行检验。表4.6列出了2008~2018年中国雾霾污染、产业结构高级化和产业结构合理化的全局Moran's I指数的计算结果。2008~2018年，中国雾霾污染、产业结构高级化和产业结构合理化的全局Moran'I指数在绝大多数年份均显著为正，表明中国地级市雾霾污染、产业结构转型程度在空间上的分布并非随机，而是表现为较高值市域与相对较高值的市域相邻，较低值市域与相对较低值的市域相邻的空间分布。

表 4.6   雾霾污染和产业结构调整的全局 Moran'I 指数

年份	lnPM		lnISO		lnISR	
	Moran's I	Z 值	Moran's I	Z 值	Moran's I	Z 值
2008	0.522 ***	13.999	0.080 **	2.250	0.363 ***	9.821
2009	0.573 ***	15.417	0.084 **	2.365	0.354 ***	9.567
2010	0.572 ***	15.363	0.173 ***	4.719	0.344 ***	9.386
2011	0.579 ***	15.552	0.218 ***	5.936	0.318 ***	8.657
2012	0.589 ***	15.792	0.189 ***	5.168	0.298 **	8.130
2013	0.584 ***	15.675	0.097 ***	2.737	0.316 ***	8.618
2014	0.514 ***	13.793	0.149 ***	4.164	0.336 ***	9.073
2015	0.540 ***	14.458	0.028	0.871	0.331 ***	8.932
2016	0.571 ***	15.310	0.251 ***	6.858	0.346 ***	9.333
2017	0.529 ***	14.194	0.310 ***	8.387	0.321 ***	8.699
2018	0.566 ***	15.175	0.199 ***	5.526	0.335 ***	9.065

注：*** 、** 分别表示在1%、5%的水平下显著。

本书研究分别绘制了 2008 年、2012 年和 2018 年的雾霾污染、产业结构高级化和产业结构合理化的 Moran 散点图（如图 4.3、图 4.4、图 4.5 所示），大部分城市雾霾污染、产业结构高级化和产业结构合理化均位于第一、第三象限，这也进一步表明了在空间上，雾霾污染、产业结构高级化和合理化存在着显著的集聚特征，因而在研究产业结构影响中国地级市雾霾污染时不能忽视空间溢出，否则会导致估计结果偏差。

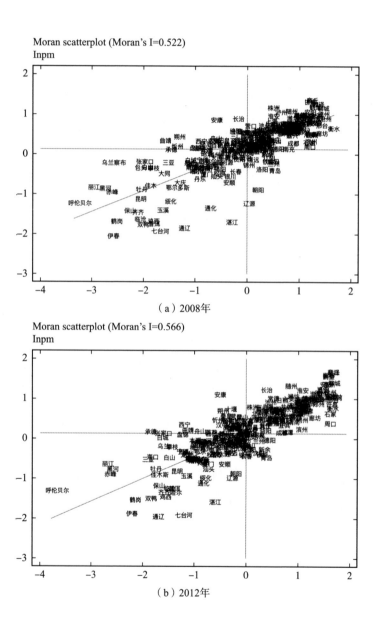

（a）2008年

（b）2012年

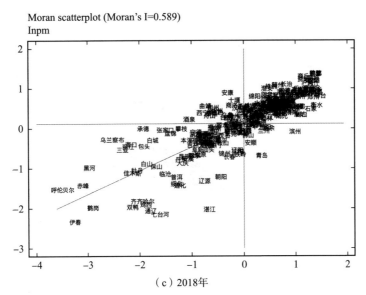

（c）2018年

图 4.3　中国城市 PM$_{2.5}$ Moran's I 散点图

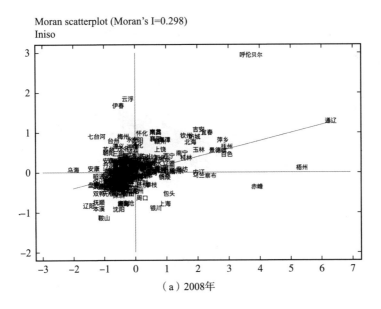

（a）2008年

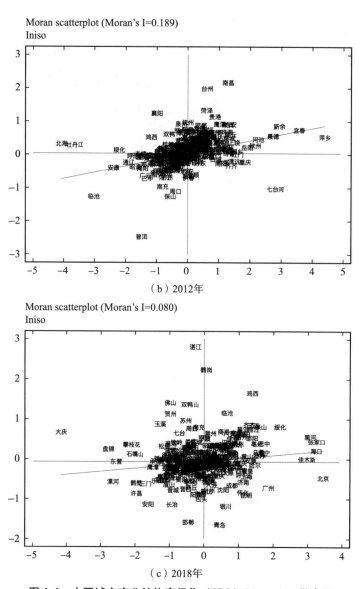

（b）2012年

（c）2018年

图4.4 中国城市产业结构高级化（ISO）Moran's I 散点图

Moran scatterplot (Moran's I=0.335)
Inisr

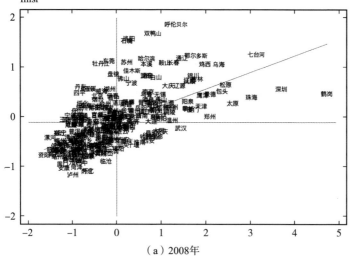

（a）2008年

Moran scatterplot (Moran's I=0.298)
Inisr

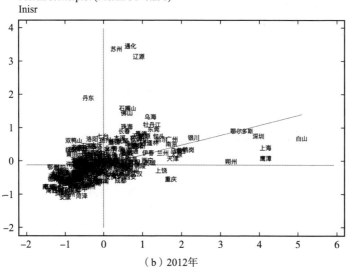

（b）2012年

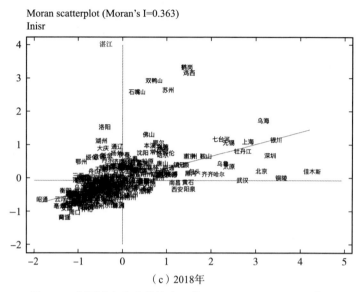

（c）2018年

图 4.5 中国城市产业结构合理化（ISR）Moran's I 散点图

4.3.3.3 空间模型选择 Hausman 检验与 LR 检验

由 Hausman 检验结果（见表 4.7）表明，模型支持选择固定效应模型。通过 LR 检验结果（见表 4.7）可知，经济地理矩阵下和地理矩阵下的模型（4.15）和模型（4.16）均通过 LR 检验，拒绝原假设，选择空间杜宾模型。

表 4.7   两种权重下全国地级市空间杜宾模型（SDM）估计结果

变量	经济地理矩阵		地理矩阵	
	模型（4.15）	模型（4.16）	模型（4.15）	模型（4.16）
$\ln ISO$	0.0209 * （0.011）		0.0238 * （0.013）	
$\ln ISR$		−0.0080 ** （0.004）		−0.0024 （0.003）

续表

变量	经济地理矩阵		地理矩阵	
	模型 (4.15)	模型 (4.16)	模型 (4.15)	模型 (4.16)
ln$APOP$	0.1839 *** (0.025)	0.2445 *** (0.036)	0.2308 *** (0.038)	0.2305 *** (0.038)
ln$Agdp$	− 0.0240 *** (0.085)	− 0.0037 (0.0143)	− 0.0048 (0.013)	− 0.0056 (0.012)
ln$OPEN$	− 0.0028 (0.003)	− 0.0070 ** (0.003)	− 0.0074 *** (0.003)	− 0.0074 *** (0.005)
lnINV	− 0.0161 *** (0.006)	− 0.0130 ** (0.006)	− 0.002 (0.005)	− 0.019 (0.005)
lnENE	0.0044 (0.003)	0.0041 (0.003)	0.0021 (0.003)	0.0019 (0.003)
ρ	0.9146 *** (0.013)	0.9035 *** (0.014)	0.9850 *** (0.002)	0.9834 *** (0.003)
R^2	0.4956	0.5934	0.4923	0.4952
LR Test	137.74 ***	154.90 ***	53.87 ***	53.87 ***
(sar sem)	159.44 ***	133.78 ***	24.66 ***	58.50 ***
Hausman Test	35.48 ***	23.71 ***	64.92 ***	66.78 ***

注: ***、**、* 分别表示在1%、5%、10%的水平下显著,括号内的数据为标准差。

4.3.4 空间面板回归模型结果分析及稳健性检验

在经济地理矩阵和地理矩阵下,ρ 值均在1%的水平下显著为正,验证中国地级市间雾霾污染有显著的正向相关性,即空间溢出效应较为明显。产业结构高级化对雾霾污染的影响,通过表4.7可知,不论是在经济地理矩阵下还是地理矩阵的设定下,产业结构高级化对雾霾污染影响显著为正。在经济地理矩阵下,产业结构高级化程度每升高1%,雾霾污染浓度就会上升

0.0209%；而在地理矩阵下，产业结构高级化程度每升高1%，雾霾污染浓度就会上升0.0238%。一方面，这可能是由于产业结构高级化过程中会存在引起污染增加的阶段（李鹏，2016；祝丽云等，2018）；另一方面，也可能是产业结构高级化，导致服务业出现规模效应而造成雾霾污染（庞瑞芝和王亮，2016）。产业结构合理化对雾霾污染的影响方面，只有在经济地理矩阵下，产业结构合理化对雾霾污染负向影响显著；在经济地理矩阵下，每当产业结构合理化程度提高1%，雾霾污染程度就会下降0.0259%；产业结构合理化从本质上改变原有经济增长方式的要素配置结构，通过组织和开放利用现有生产要素，使产业内部生产要素充分被利用，从而减少雾霾污染的排放。

对于其他控制变量而言：（1）人口密度是雾霾污染增加的重要影响因素之一，这与人口密度的规模效应和集聚效应相关（邵帅等，2016）；在规模效益方面，高的人口密度会导致住房需求激增，同时家电需求和机动车需求也随之增长，这些会导致雾霾污染的加剧。此外，人口密度导致的人口聚集产生的交通拥堵会降低燃料使用效率，较高的居住密度使得空气流通不顺畅，从而不利于污染物的扩散，间接加剧了雾霾污染。在集聚效应方面，人口密度增加能够增加资源使用效率，表现为公共资源分担率的提升，这又能从一定程度上缓解污染压力（邵帅等，2016）。从本章研究的结果来看，规模效应显著，集聚效应不明显。应当进一步追求集聚效应的正外部性发挥，以正外部性"抵消"规模效益导致的污染加剧情况。（2）经济发展。由于共线性的原因，本章研究并未将经济发展的二次项及三次项加入模型，经济增长会降低雾霾污染，符合EKC曲线的拐点右侧的特征。（3）对外开放。在本章研究中，对外开放程度对本地减霾效应较为显著，验证了外资流入的"污染光环效应"，即外资的流入引进了先进制造技术与污染治理技术，从而减少雾霾污染。（4）科技创新。可以发现在经济地理矩阵下，能够有效地减少雾霾污染，而在地理矩阵下，科技创新的减霾效果不显著，科技创新是区域经济发展的根本动力，在经济要素流动的前提下，科技创新通过促进经济发展方式转变，能够减少污染（白春礼等，2011）。

由表 4.7 可以发现，经济地理矩阵下的模型（4.15）与模型（4.16）中与地理权重矩阵下的变量符号、系数及显著性水平均无太大区别，证明基于经济地理矩阵下的空间计量模型实证分析结论是稳健可靠的。

4.3.5 分区域空间面板回归模型结果分析

在经济地理矩阵下模型（4.15）和模型（4.16）的拟合优度高于在地理矩阵下的模型拟合优度。在研究空间视角下产业结构调整影响雾霾污染的问题中，不应只考虑经济要素，产业结构调整对雾霾污染的效应是在地理和经济的综合空间关联特征上予以体现的。因此，后面的空间计量分析选择在经济地理权重矩阵条件下的实证结果。

根据空间异质性分析，将中国地级市分为东部、中部、西部地区三大区域。在不同区域，产业结构高级化和合理化对雾霾污染的作用结果不相同。如表 4.8 所示，东部地区产业结构高级化和产业结构合理化对雾霾影响均较为显著；产业结构高级化程度每提升 1%，雾霾污染浓度就会下降 0.01%，而产业结构合理化程度每提升 1%，雾霾污染浓度就会下降 0.0067%。从中部和西部地区来看，在不考虑其他区域的影响时，中部和西部地区产业结构高级化对雾霾浓度影响不显著，在不考虑其他地区的外溢影响时，中部和西部地区产业结构高级化脱离了初期传统服务业占服务业比重上升的阶段，正处于经济发展的拐点处，需要进一步强化现代服务业的建设，实现雾霾污染的减少；而产业结构合理化能够有效降低中部地区的雾霾污染，产业结构合理化程度每提高 1%，中部地区雾霾污染浓度就会下降 0.0367%，中部地区应当提高当地的产业结构合理化水平，扩大其减霾效应；在西部地区产业结构合理化减霾效应不显著，相比中部地区和东部地区，西部地区目前总体上尚处于工业化初中期阶段，本地没有过多剩余技术、知识等要素，因此产业结构合理化对当地雾霾污染的作用能力不显著。

表4.8　东部、中部、西部地区地级市空间杜宾模型（SDM）估计结果

变量	东部地区		中部地区		西部地区	
	模型（4.15）	模型（4.16）	模型（4.15）	模型（4.16）	模型（4.15）	模型（4.16）
lnISO	−0.0100 ** （0.004）		0.0157 （0.018）		0.0359 （0.067）	
lnISR		−0.0067 * （0.004）		−0.0367 *** （0.012）		−0.0166 （0.031）
ln$APOP$	0.1097 * （0.060）	0.0037 （0.061）	0.2540 *** （0.087）	0.3394 *** （0.043）	0.2075 *** （0.067）	0.2100 *** （0.065）
ln$Agdp$	−0.0128 （0.021）	−0.0034 （0.023）	0.0017 * （0.026）	0.0705 （0.055）	0.0337 （0.045）	0.0387 （0.047）
ln$OPEN$	−0.0068 ** （0.003）	−0.0072 ** （0.003）	−0.0065 （0.004）	0.0017 （0.018）	−0.0122 （0.012）	−0.0099 （0.012）
lnINV	−0.0173 *** （0.007）	−0.0183 *** （0.006）	−0.0049 （0.007）	−0.0212 （0.020）	−0.0210 （0.031）	−0.0091 （0.032）
lnENE	0.0058 （0.004）	0.004 （0.004）	0.010 ** （0.004）	0.0178 （0.292）	0.0029 （0.014）	0.0061 （0.015）
ρ	0.8937 *** （0.014）	0.7785 *** （0.026）	0.8804 *** （0.014）	0.4975 *** （0.054）	0.6113 *** （0.010）	0.6088 *** （0.090）

注：***、**、*分别表示在1%、5%、10%的水平下显著，括号内的数据为标准差。

对于控制变量而言。（1）人口密度。人口密度是影响雾霾污染的重要指标，在东部、中部、西部地区等各地区人口密度的增大都对雾霾污染有正向影响，其影响方式主要通过规模效应和集聚效应两个途径。目前看来，人口密度在东部、中部、西部地区的集聚效应的正外部性并未充分发挥，下一步应当充分发挥集聚在提升资源环境效率方面的正外部性，人口密度在东部地

区对邻近地区的集聚效应显著，而欠发达地区由于人口流出情况较为普遍，在规模效益上相对弱化。（2）经济发展。在中部地区，经济发展水平会显著增加当地的雾霾污染水平，根据 EKC 曲线，此时中部地区尚处于拐点的左侧，经济发展仍然会导致雾霾污染的增加。而东部地区经济发展对雾霾污染呈负向作用，但是仍然不够显著。（3）对外开放。东部地区的对外开放程度越高，雾霾污染程度越小，在东部地区，对外开放通过技术溢出效应提高了当地的环境质量，符合"污染光环"假说。（4）科技创新。对东部地区而言，科技创新对东部地区的雾霾污染具有显著的负向影响，即具有显著的减霾效应。而对中部和西部地区而言，科技创新并未产生预期的雾霾减排效果。这可能是由于能源回弹效应的存在，由于科技进步可以促使生产过程和生活过程中的能源节约，但是也会在同时引起能源价格降低，甚至是由于生产率的提高而导致经济发展速度加快，进而产生新的能源需求，会导致有新的能源需求产生，这会将之前节约的能源削减甚至抵消（Druckman et al.，2011；Chen et al.，2020）。这提醒我们，在以节能减排为目标，制定产业结构调整的政策时，还要考虑产业结构转型过程中，科技创新带来的能源回弹效应的影响，要积极采取相关辅助性政策措施对潜在的回弹效应加以有效限制，以期在最大限度上保证产业结构调整政策的节能减排效果得以实现。这一部分内容也将在本书的第 6 章进行进一步探讨。（5）能源消费。相比于东部、西部地区，能源消费在中部地区对雾霾污染呈显著的正向影响。

同时，东部、中部和西部地区的 ρ 均在 1% 的水平上显著为正，再次验证了中国地级市尺度上中国雾霾污染在东部、中部、西部地区均存在明显的空间溢出效应。

4.3.6　各区域内部空间溢出效应分析

为了使产业结构调整对雾霾污染溢出作用机理更加清晰，还需进一步明确其溢出的大小和方向。因此通过偏微分方法对全国、东部以及中部地区产业结构调整对雾霾污染的空间溢出效应进行进一步分解，得到直接效应、间接效应以及总效应（见表4.9）。直接效应包括"反馈效应"，即解释变量对被解释变量的影响会传递给相邻地区，并且对相邻地区的影响会反馈回本地的效应；间接效应则为解释变量对周边地区被解释变量的影响（保罗·埃尔霍斯特，2015）。

表4.9　全国、东部地区、中部地区地级市产业结构的直接效应、间接效应和总效应

变量	直接效应	间接效应	总效应
全国			
ln*ISO*	0. 0293 * (0. 016)	0. 2232 * (0. 122)	0. 2525 * (0. 137)
ln*ISR*	− 0. 0136 *** (0. 005)	− 0. 1518 * (0. 082)	− 0. 1654 ** (0. 086)
东部地区			
ln*ISO*	− 0. 8359 * (0. 074)	0. 1091 * (0. 326)	− 0. 0255 (0. 388)
ln*ISR*	− 0. 0177 *** (0. 005)	− 0. 1401 * (0. 077)	− 0. 1578 * (0. 081)
中部地区			
ln*ISO*	0. 0401 (0. 022)	0. 4383 * (0. 196)	0. 4784 (0. 209)
ln*ISR*	− 0. 0385 *** (0. 013)	− 0. 0351 ** (0. 015)	− 0. 0736 *** (0. 028)

注：***、**、*分别表示在1%、5%、10%的水平下显著，括号内的数据为标准差。

在产业结构高级化方面，从全国层面来看，产业结构高级化对本地和周边地区的雾霾污染均具有显著的正向影响。一方面，产业结构高级化使得

产业部门技术水平提高，能源消耗降低，达到节约生产成本的目的，但是此时部分学者认为生产成本的降低往往会造成能源回弹的现象从而引起雾霾污染程度增大；另一方面，产业结构高级化会使服务业向规模化、集约化方向发展，传统服务业导致的规模效应也有可能进一步引起雾霾污染加重（宋凯艺和卞元超，2019）。东部地区产业结构高级化对本地雾霾污染呈负向作用，而对邻近地区雾霾污染呈正向作用，这是由于本地产业结构高级化导致污染较为严重的企业转移到了邻近地区，导致本地雾霾污染减少，而邻近地区雾霾污染程度增加，即证明了在处于工业化中后期或后期的地区产业结构高级化的"邻避主义"效应（彭小兵和谭志恒，2017）。而相比东部地区，中部地区的产业结构高级化的直接效应（不显著）和间接效应（显著）都对雾霾污染有正向作用，由于中部地区处于经济发展的拐点处，此时产业结构高级化已经脱离仅增加传统服务业产值占服务业比例的初期阶段，但现代服务业占比较少，导致中部地区产业结构高级化对本地的增霾效应不显著，与此同时，污染较为严重的企业转移到了邻近地区，对邻地具有显著的增霾效应。因此，在制定产业结构高级化政策时，应该注意各个行政区域之间产业关联性，减少地区间产业转移所引起的邻近地区雾霾污染的溢出。

在产业结构合理化方面，全国、东部及中部地区的产业结构合理化能够显著降低本地及邻近地区的雾霾污染，产业结构合理化的本质是提高结构的质量，通过对现有资源的合理配置，提高要素配置的效率，技术人才外溢等方式降低产业转移带来的对周边地区雾霾污染的不利影响，有效地降低本地及邻近地区的雾霾污染。

东部地区应当着重于产业结构高级化的政策制定，将邻近地区纳入联防联控的管理体系，注重区域内产业关联的特点，制定相应的产业结构高级化政策，而中部地区着重产业结构合理化政策制定，在创造更好的条件承接东部地区的产业转移时也要注重出台相关针对性政策，用以应对潜在的回弹效应，尽可能地减少雾霾污染的产生。

4.3.7　区域间空间溢出效应分析

雾霾污染联防联控是打赢蓝天保卫战的必然选择，因此必须要考虑区域间产业结构调整对雾霾污染的溢出效应，构建融汇东西的雾霾污染区域联防联控网络。参考何兴强和王利霞（2008）、莱迪亚耶娃（Ledyaeva，2010）和钟祖昌（2013）考察不同组之间空间溢出效应时的处理方式，对不同区域地级市的经济地理权重矩阵进行了相应的调整，各异质性区域内部地级市的权重设为0，设置经济地理权重为不同区域的地级市间的权重，以进一步分析区域间产业结构调整对雾霾污染的空间溢出效应。

如表4.10所示，从空间计量模型的估计结果来看，产业结构高级化对雾霾污染的溢出效应值在东部—中部和中部—西部地区间的溢出效应值依次为0.0351和0.0482，中部—西部地区间溢出效应作用强度最大，这是因为产业结构高级化的过程中高污染产业会转移至周边经济发展较弱地区，将会出现负的结构效应，使邻近地区污染排放量增加进而造成周边地区雾霾污染增加；相较于东部地区，中部地区重工业占总产值比重更高，因此中部地区产业结构高级化对西部地区雾霾污染的影响程度更高；而东部地区与西部地区在空间上相隔较远，且工业化程度差异较大，因此东部—西部地区间的产业结构高级化的雾霾污染空间溢出效应不显著，因此在实施产业转移战略时，应加快东部至西部地区的转移，促进西部地区加速工业化。

表4.10　中国东部、中部和西部地区地级市间产业结构的空间溢出效应

解释变量	东部—中部		东部—西部		中部—西部	
ln*ISO*	0.0351 ** (0.019)		0.0072 (0.033)		0.0482 ** (0.021)	

续表

解释变量	东部—中部		东部—西部		中部—西部	
ln*ISR*		−0.0153 ** （0.019）		−0.0171 * （0.010）		−0.0160 ** （0.007）
ρ	0.7495 *** （0.021）	0.7123 *** （0.021）	0.5314 *** （0.024）	0.5300 *** （0.024）	0.5983 *** （0.038）	0.5955 *** （0.041）
Sigma^2	0.0114 *** （0.001）	0.0125 *** （0.001）	0.0123 *** （0.001）	0.0120 *** （0.001）	0.0203 *** （0.002）	0.0172 *** （0.002）

注：***、**、*分别表示在1%、5%、10%的水平下显著，括号内的数据为标准差。

产业结构合理化在东部—中部、东部—西部及中部—西部地区间均具有显著的负向溢出作用，其溢出值分别为 −0.0153、−0.0171 和 −0.0160；产业结构合理化程度增加能够使经济发达地区的剩余资源要素转移到邻近不发达的区域，提升较不发达地区的资源配置效率，从而降低雾霾污染；其中东部—西部地区间溢出作用最大，产业结构合理化就是要素从生产率较低的产业流向生产率较高的产业（罗国勋，2000），东部—西部及中部—西部地区间经济发展水平相对于东部—中部地区间工业化水平差距更大，要素流动引起产业结构转型的弹性更大，因此其减霾效应更强。

由于中国东部沿海地区已经进入工业化后期阶段，其工业化程度远高于其他区域，在中国产业结构政策上形成了东部地区向中部地区及西部地区产业转移的格局，应借助东部发达地区产业结构合理化的辐射效应，辐射中部、西部地区产业结构，同时，也要注意东部地区产业结构高级化过程中雾霾污染溢出现象。

4.4 本章小结

在研究雾霾污染问题时须将空间因素纳入考量，传统研究中忽略空间效应假定地区之间无联动与现实存在差距。本书根据第 2 章的理论假设，利用 2008～2018 年中国 30 个省份、251 个城市的空间面板数据，采用探索性空间数据分析法对中国雾霾污染的空间溢出效应进行检验，通过构建经济地理权重矩阵，结合 STIRPAT 模型、地理加权回归模型和空间面板模型，从国家层面、区域内及区域间产业结构合理化、产业结构高级化对中国雾霾污染空间溢出效应进行分析，主要结论如下：（1）雾霾污染和产业结构升级具有显著的正向空间依赖性特征；产业结构高级化和产业结构合理化对雾霾污染的影响具有显著的空间异质性特征。（2）整体上，产业结构高级化对雾霾污染影响显著为正，服务业与现代化的标准衡量仍有相当大的差距，产生的规模效应会进一步造成雾霾污染；产业结构合理化对雾霾污染有显著的负向影响，产业结构合理化从本质上改变原有要素配置结构，减少雾霾污染的排放。（3）区域上，东部地区产业结构高级化能够减少雾霾污染；其内部各省市产业结构高级化对本地雾霾污染呈负向作用，对邻近地区雾霾污染呈正向作用，呈现出区域内的"邻避主义"效应；中部地区产业结构高级化对雾霾污染影响不显著，且产业结构高级化会增加邻近省市雾霾污染；东部地区和中部地区的产业结构合理化能够降低雾霾污染，可以减少内部本地及邻近地区的雾霾污染；西部地区的产业结构高级化和产业结构合理化的减霾效应均不显著。因此，应制定政策限制污染产业在东部地区和中部地区发生内部转移，增大东部地区产业结构高级化减霾效应，防止中部地区产业结构高级化增霾效应的出现。（4）产业结构高级化对雾霾污染的溢出效应在东部—中部、中部—西部地区间的空间溢出效应均为正向；而产业结构合理化在东部—中部、东部—西部及中部—西部地区间均具有显著的负向空间溢出作用。

产业结构调整对雾霾污染的产业关联效应

第 4 章从空间视角出发，分析了产业结构调整对雾霾污染的影响，为产业结构调整的政策制定提供了现实参考。产业结构调整的实质就是产业之间相互关系的变动和调整，是各产业部门的关联逐渐从不协调发展为协调的过程；产业结构调整会使产业部门间投入需求或供给发生变动，该变动往往会通过产业关联对与其有着直接联系或间接联系的产业部门的投入产出造成影响，从而波及原有产业结构调整的雾霾污染效应。因此，本章将对产业结构调整对雾霾污染产业关联效应进行分析，以期进一步准确把握产业结构调整对雾霾污染的影响。本章首先通过产业关联理论和修正的引力模型构建雾霾污染产业关联网络，应用社会网络分析法和 QAP 分析法等研究产业关联下产业结构调整对雾霾污染的影响。

5.1 雾霾污染产业关联网络构建

5.1.1 中国产业联系强度矩阵测度

首先对各地区的产业联系强度进行测度（殷瑞瑞等，2016）。产业联系强度模型如下：

$$C_k = \sum_{i=1}^{3} St_i \, Et_i \, Sc_i \, r_i \tag{5.1}$$

其中，C_k 即城市 k 的 n（本章取 3）个产业外向联系强度，C_k 的大小反映了 k 城市产业发展的对外辐射能力；Sc_i 为各产业的就业人口规模，r_i 为产业 i 的权重。St_i 为影响力系数，Et_i 为感应度系数。

基于 2008～2018 年中国各产业省级就业人口数据，以本书第 3 章计算得到的投入产出分析的影响力系数和感应度系数，计算得到中国各地区的区域内在产业关联能力。就业人口数据及经济数据均来自 2009～2019 年《中国城市统计年鉴》和 2008～2018 年各省市年鉴。通过自然断裂法，将区域产业联系分为三个等级①。

可以看出，内在处于产业联系对外辐射能力第一等级的区域多为经济较为发达的地区和人口大省，这些区域能够带动周边区域的发展。而 2008～2013 年，处于第一等级的区域数量先增多后减少，这是由于经济发展各个区域内部产业要素流动能力增强，区域内的产业联系强度随着经济发展进一步提高（2013～2018 年），区域之间产业联系日趋加强，这是中国经济一体化

---

① 由于版权等原因，在本书中所涉及的地图已被删除，如需要地图等图片，请联系笔者获取。

建设的方向，也是产业结构和经济发展方式转换的过程，实现更大范围内生产要素的流动和充足（王茂军和杨雪春，2011；陈国亮等，2012）。处于第二等级的区域大多数为中国的中部地区，这些地区内部的产业结构还不够优化，存在产业结构"虚高"和过早去工业化的矛盾问题（姚鹏和张明志，2019）。处于第三等级的区域大部分处于中国西部地区，产业结构较为单一，而北京和上海是中国的行政中心和金融中心，多以第三产业为主，与其他地区的产业联系较为紧密。

5.1.2　雾霾污染产业关联网络构建

区域产业结构是地方经济发展水平的集中体现，其中各产业间的交错关系直接影响产业结构形成与变更。可以利用各产业之间的联系来定点调控，实现产业结构的精准优化和升级。以往衡量空间相互作用力时多采用引力模型，其传统形式为：

$$P_{mn} = G\left(\sqrt{p_m v_m} \times \sqrt{p_n v_n}\right)/D_{mn}^2 \qquad (5.2)$$

其中，p_m、p_n 为两个区域的人口数量指标，v_m、v_n 为两个区域的经济指标，D_{mn} 为两个区域之间的距离，G 为重力系数。在传统的引力模型和产业关联测度模型的基础上，根据杨桂元等（2016）、孙亚男等（2016）、逯苗苗和孙涛（2017）的研究，对引力模型进行重构，并加入雾霾污染作为相关项，构造出产业联系下雾霾污染网络的引力模型，用于测度产业联系下中国雾霾空间关联网络，其表达式为：

$$F_{ij} = \alpha_{ij} \times \frac{\sqrt[3]{PM_i C_i G_i} \times \sqrt[3]{PM_j C_j G_j}}{D_{ij}^2} \qquad (5.3)$$

$$\alpha_{ij} = \frac{PM_i}{PM_i + PM_j} \qquad (5.4)$$

其中，F_{ij} 表示区域 i 和 j 在产业联系下的雾霾联系强度，其中 α_{ij} 表示区域之间雾霾污染指数联系中的贡献率；PM_i、PM_j 为区域 i 和 j 的雾霾污染程度，G_i、G_j 表示区域 i 和 j 的国内生产总值；D_{ij} 是指两个区域之间的直线距离，是在 GIS 相关模块中运算下获取。C_i、C_j 为区域 i 和 j 的内在产业联系能力，由式（5.1）获得。

雾霾浓度（$PM_{2.5}$）的数据来自卫星监测数据，应用 ArcGIS 软件将此栅格数据解析为中国 30 个省份 2008～2018 年年均 $PM_{2.5}$ 浓度数据（不包括香港、澳门、台湾、西藏）。研究进一步采用 ArcGIS 软件将此栅格数据解析为中国 30 个省份、251 个城市的 2008～2012 年年均 $PM_{2.5}$ 浓度数据（不包括香港、澳门、台湾、西藏）。GDP 数据来自 2009～2019 年的《中国城市统计年鉴》及各省份统计年鉴。

通过式（5.3）、式（5.4）计算构建产业联系下中国雾霾污染联系网络，并利用 Netdraw 可视化技术生成产业联系下中国雾霾污染联系网络图，为了便于比较，采用了镰田—河合（Kawada-Kawai）布局方法，具体如图5.1 所示。

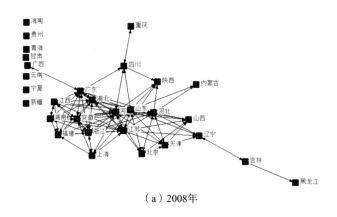

（a）2008年

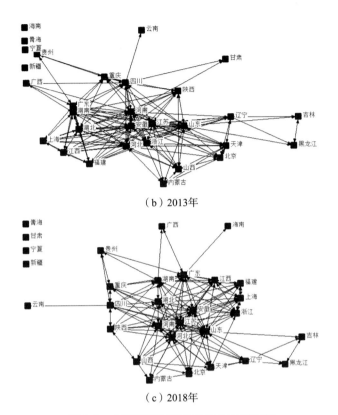

（b）2013年

（c）2018年

图 5.1 中国雾霾污染产业空间关联网络

2008 年，海南、贵州、青海、甘肃、云南、宁夏和新疆尚未进入雾霾污染的产业关联网络；产业关联的雾霾网络呈现出带状，广西主要是通过广东与整体雾霾污染的产业关联网络产生联结，重庆是通过四川与整体雾霾污染的产业关联网络产生联结，吉林通过辽宁与整体雾霾污染产业关联网络产生联结，并将黑龙江带入整体雾霾污染网络，同时 2008 年的雾霾污染产业关联网络呈现出较为明显的"中心—边缘"形态，可以看出湖北、安徽、浙江、江苏、河南、山东和河北处于雾霾污染产业关联网络的中心，说明这些区域因为与其他省份产业关联密切，与其他省份的雾霾溢出影响较密切。2013 年中国产业关联下雾霾污染空间中，仅有海南、青海、宁夏和新疆尚未进入雾霾污染的产业关联网络,这些省份较少因为产业关联而受到其他地区雾霾污染的溢出影响;产业关联的雾霾网络呈现出带状,相比 2008 年,更多地区进入了雾霾污染产业关联网络,而 2008 年处于边缘位置的地区都紧密地融入了整体雾霾污染产业关联网络,说明 2013 年相比 2008 年,地区之间产业联系程度更加紧密,导致雾霾污染的溢出程度因为产业联系加强而提高了。2018 年,海南通过广东进入了雾霾污染产业关联网络,而甘肃退出了雾霾污染产业关联网络,甘肃在 2018 年之后因为产业关联受其他地区雾霾污染溢出程度变小了,2018 年的雾霾污染产业关联网络呈现出块状特征,说明随着经济发展,中国各区域之间产业关联程度加强,各区域的产业之间联系紧密,大多数地区都能直接与其他地区有产业关联的关系,但是也因此各地区受其他地区产业结构变动导致雾霾溢出影响较大。

5.2 雾霾污染产业关联网络特征分析

5.2.1 雾霾污染产业关联网络整体特征分析

基于第 5.1 节中构建的产业联系的雾霾污染网络,本章研究在此基础上,对雾霾污染产业联系网络的特征进行分析。

首先根据网络密度的公式,对中国雾霾污染产业关联网络的网络密度进行计算,计算公式为式(3.6),从图 5.2 可以看出,雾霾污染产业关联网络密度先上升后下降。雾霾污染产业关联网络密度从 2008 年的 0.1735 上升至 2014 年的 0.3011 之后下降至 2018 年的 0.2736,雾霾污染产业关联系数也由 2008 年的 151 上升至 2014 年的 262,之后下降至 2018 年的 238。即 2008 年开始,雾霾污染产业关联网络趋于紧密,在 2014 年达到最高点,从 2014 年开始到 2018 年有缓慢的下降。可以看到,在 2012 年,雾霾污染产业关联网络密度出现了小幅下降,这得益于同一时期国家宏观政策的影响,如《国务院关于加强环境保护重点工作的意见》和环境保护部"十二五"规划总体安排中关于建立完善的环境保护法规政策体系,之后在同年,《环境空气质量标准》把污染物 $PM_{2.5}$ 正式作为监测和治理空气污染物。而经历了 2012 年小幅的下降后,雾霾污染产业关联网络开始继续增长,2014 年达到了峰值,2014 年的雾霾波及了中国的 25 个省份,可以发现产业关联加速的雾霾污染在全国范围内的扩散,从 2015 年开始,雾霾污染的产业关联网络密度开始下降,在实施《大气污染防治法(修订草案)》的拟定等措施之后,京津冀、长三角、珠三角等产业关联度较高地区出台了一系列联防联控措施,也因此区域内部产业结构更加均衡,产业关联程度开始趋于平缓;在 2017 年雾霾污染浓度提高可能是在产业结构调整过程中已经出现的雾霾污染短暂回弹的现象,从 2014~2018 年整体来看,雾霾污染产业关联密度以及其溢出关系是下降的,中国的联防联控协同治理政策已初显治理效果。

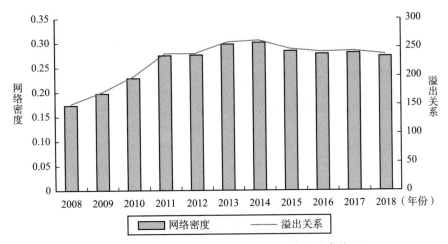

图 5.2 中国雾霾污染产业关联网络密度与溢出关系

　　总体而言，中国雾霾污染产业关联网络整体特征呈现出低密度（密度低于0.5）、高稳健性的特点。对于整体网络来说，低密度代表了中国各区域雾霾污染通过产业关联扩散的能力差别较大，从而使得整体网络密度较低。高稳健性说明中国雾霾污染产业关联网络中，区域间雾霾污染的产业关联渠道较多，不仅仅是由于部分中心城市带来的雾霾污染影响，即中国雾霾污染产业关联网络结构较为完整，仅仅通过对重点区域实施雾霾污染减排措施并不能对全国雾霾减排目标实现产生长效机制。

　　在图5.3和图5.4中，从中国雾霾污染产业关联网络凝聚系数和网络关联度来看，雾霾污染产业关联网络凝聚系数先上升再趋于平稳，可以说明中国雾霾污染产业关联网络关联度先上升后趋于平稳，随着产业关联程度的提高，地区之间产业关联性增强，即各地区之间受其他地区雾霾污染的影响更为直接，当到2015年之后，由于中国对环境保护政策和雾霾污染治理的日益重视，雾霾污染的溢出效应逐渐趋于平稳，因此各地区受其他地区雾霾污染的影响也趋于平稳，但是整体来看小世界网络特征较强，且网络关联度高于0.5，具有高连通性，存在明显的空间关联性和空间溢出效应，因此实施雾霾污染联防联控策略是十分有必要的。

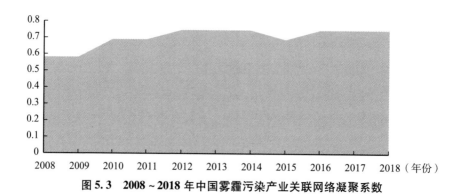

图5.3　2008～2018年中国雾霾污染产业关联网络凝聚系数

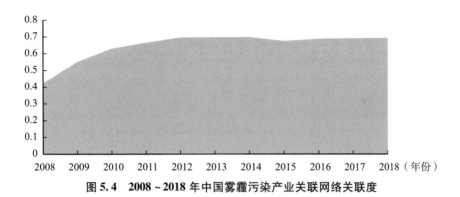

图 5.4　2008～2018 年中国雾霾污染产业关联网络关联度

从图 5.5 可以看出，2018 年的 0.1481 相比 2008 年的 0.1667 网络等级度有了较小程度的下降；2008～2018 年，雾霾污染产业关联网络的等级度始终较低，说明网络中等级结构较不明显，雾霾污染在产业关联网络中的溢出不一定要通过某些中介区域，产业关联的雾霾污染可以直接从一个地区溢出到另一个地区。从网络效率来看，2008 年为 0.7056，到 2018 年网络效率减少为 0.6367，相对而言较为平缓减少，这代表区域雾霾污染产业关联直接相关性有轻微的减少，同时也代表着雾霾污染相对于 2008 年的溢出渠道减少。

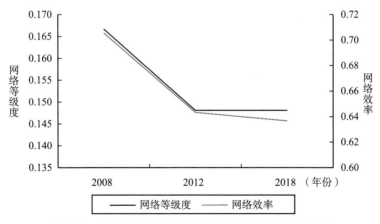

图 5.5　中国雾霾污染产业关联网络等级度与网络效率

5.2.2　雾霾污染产业关联网络个体特征分析

通过上述分析可知，产业关联下的中国雾霾污染存在显著的网络特征，表明区域间产业关联带动了雾霾污染在全国范围内的溢出效应。产业关联能够促进区域网络的形成，同时区域网络的形成也会为资源要素流动提供新渠道，作用于资源的流动方向和具体大小，影响着资源的集聚、扩散以及被调配过程，从而体现产业网络的资源配置能力，揭示了产业网络的运行机制，而在网络运行过程中，雾霾污染也在产业关联网络集聚、扩散。因此，接下来将依然选取 2008 年、2013 年和 2018 年作为特殊的时间节点，依次对中国雾霾污染产业关联网络的扩散、集聚和各地区在中国雾霾污染产业关联网络中位置能力进行分析，进而掌握产业关联下雾霾污染集聚扩散机制，为雾霾污染联防联控机制的长效构建提供理论依据。

先测算各个地区的雾霾污染点度中心度指数。点度中心度表示在不考虑某个节点是否对其他节点产生控制作用下网络中该节点自身联系能力的测量（刘军，2004）。计算公式如下：

$$C_D(n_i) = \sum_{j=1}^{k} F_{k_i - k_j} \tag{5.5}$$

其中，$C_D(n_i)$ 为点度中心度；$F_{k_i - k_j}$ 为节点城市 i 到城市 j 间的联系强度。点度中心度主要分为点出中心度和点入中心度。点出度为网络中由该点直接发出的关系数，可以表达雾霾污染通过产业关联的扩散能力；点入度反映了网络中进入该点的其他点的个数，可以表示为网络节点通过产业关联受其他雾霾污染影响的能力，本章利用 ArcGIS 软件将 2008 年、2013 年和 2018 年的中国雾霾污染产业关联网络的点度中心度进行可视化分析。

对 2008 年中国雾霾污染产业关联网络点度中心度进行测算，得到整体网络的点度中心度点出度为 46.254%，而整体网络的点度中心度点入度为

35.553%，点出度远高于点入度，说明在 2008 年中国雾霾污染产业关联网络中各个节点通过产业关联向外溢出的雾霾污染比通过产业关联对内吸收的雾霾污染的能力更强，在这种情况下，雾霾污染治理工作更应该从污染源着手进行治理。

通过自然断裂法将雾霾污染产业关联网络中各个区域的点度中心度点出度分为三个层次①。在 2008 年，处于高点出度的地区有山东、江苏、河南、河北、浙江、广东和安徽，这些地区部分为比较发达的省份，与外界的产业关联程度较为密切，且这些区域在 2008 年尚处于工业化中后期，相比经济落后的地区，这些地区雾霾污染更为严重，还有部分中部地区起着承南启北、连通东西的作用，这些地区往往与周边地区产业关联密切，因此这些地区对产业关联网络中其他节点区域的雾霾污染溢出能力更强；低点出度地区有宁夏、青海、新疆、云南、内蒙古、广西、陕西、重庆、甘肃、贵州、海南、黑龙江、吉林、辽宁、福建、山西，在这些地区中，部分地区位置较为偏远，环境承载力更强，相比发达地区本身雾霾污染程度就较低，还有部分地区对外产业关联程度较低，因此这些地区在产业关联下雾霾污染网络中对外辐射能力较低。通过自然断裂法，将雾霾污染产业关联网络中各个区域的点度中心度点入度分为三个层次，可以看出点入度较高的地区有内蒙古、宁夏、黑龙江、河南和江苏，内蒙古和宁夏、黑龙江产业结构不够均衡，因此需要被动地与其他地区进行产业关联，从而导致其在产业关联网络下吸收雾霾污染的能力较强，而河南和江苏在产业网络中需要起着承南启北、连通东西的作用，在产业转移的过程中吸收了雾霾污染的程度较大；点入度较低的地区为浙江、云南、天津、四川、上海、山东、重庆、山西、青海、河北、贵州、广西和陕西，其中有些地区地理位置多处于西部，与其他地区产业联系不紧密，因此受到产业联系下雾霾污染溢出的影响较小，还有部分地区雾霾污染

---

① 由于版权等原因，在本书中所涉及的地图已被删除。如需要地图等图片，请联系笔者获取。

浓度较低，还有部分地区如山东、浙江在产业关联的雾霾污染网络中处于扩散的核心位置，更多的是向外造成雾霾污染的溢出。

对 2013 年中国雾霾污染产业关联网络点度中心度进行测算，得到整体网络的点度中心度点出度为 44.114%，而整体网络的点度中心度点入度为 33.413%，点出度远高于点入度，说明在 2013 年中国雾霾污染产业关联网络中各个节点通过产业关联向外溢出的雾霾污染比通过产业关联对内吸收的雾霾污染的能力更强，在这种情况下，雾霾污染治理工作更应该从污染源着手进行治理，且相比 2008 年中国雾霾污染产业关联网络点度中心度点出度和点度中心度点入度都有所下降，说明整体产业关联网络中雾霾污染辐射点和吸收点都更为均衡。

通过自然断裂法将雾霾污染产业关联网络中各个区域的点度中心度点出度分为三个层次①。在 2013 年，处于高点出度的地区有河南、山东、江苏、河北、安徽、广东、湖北、湖南、四川、浙江、上海，这些地区中部分地区从 2008 年开始在产业关联网络中对外雾霾污染溢出能力就较强，其中湖南、湖北和四川在 2013 年进入高程度雾霾污染溢出的梯队，这是因为这三个省份开始接受东部地区的产业转移，工业化进程加速，雾霾污染排放增高，其中四川对外产业联系强度增强，这也是导致其进入高点出度集团的原因。低点出度的地区有贵州、吉林、内蒙古、广西、黑龙江、甘肃、海南、宁夏、青海、新疆、云南，在 2013 年，重庆、陕西、辽宁、福建、山西的点出度提高了，这些地区的点出度进入了中等阶段，随着经济发展，这些地区的产业联系能力提高，对外界的产业关联引力增强，同时随着中国工业化发展的加速，这些地区的雾霾污染程度加重，因此在产业关联网络中这些地区的点出度提高，通过产业关联网络对外雾霾污染溢出程度加重。通过自然断裂法，将雾霾污染产业关联网络中各个区域的点度中心度点入度分为三个层次，点入度

---

① 由于版权等原因，在本书中所涉及的地图已被删除。如需要地图等图片，请联系笔者获取。

较高的地区有江苏、河南、山东、河北、广东、安徽、湖北、浙江、湖南、四川、上海、江西、福建，相比于 2008 年，山东、上海、河北、浙江、四川的点入度显著提高，这些地区开始进入工业化中后期，产业结构转型加速，因此受外界产业雾霾污染溢出影响程度加大；点入度较低的地区有新疆、青海、宁夏、海南、云南、甘肃、黑龙江、吉林、贵州，相比 2008 年，新疆、宁夏、海南、云南、甘肃、黑龙江、吉林的点入度显著降低，这些区域受其他区域产业关联引起雾霾溢出效应变小，这是由于这些地区在 2013 年产业联系强度降低，这些地区相比东部和中部地区高铁建设较为不完善，因此与其他地区产业关联性下降，从而减少了对雾霾污染的吸收。

对 2018 年中国雾霾污染产业关联网络点度中心度进行测算，得到整体网络的点度中心度点出度为 46.61%，而整体网络的点度中心度点入度为 35.91%，点出度远高于点入度，说明在 2018 年中国雾霾污染产业关联网络中各个节点通过产业关联向外溢出的雾霾污染比通过产业关联对内吸收的雾霾污染的能力更强，且相比 2013 年中国雾霾污染产业关联网络点度中心度点出度和点度中心度点入度都有所上升，说明整体产业关联网络中雾霾污染辐射点和吸收点能力加强，个别区域在雾霾污染产业结构关联网络中扩散和吸收雾霾污染的能力加强，但是整体来看均低于 50%，雾霾污染网络相对均衡，还是需要从联防联控的角度对雾霾污染进行控制。

通过自然断裂法将雾霾污染产业关联网络中各个区域的点度中心度点出度分为三个层次①。在 2018 年，处于高点出度的地区有山东、江苏、河南、河北、安徽、四川、湖南、广东、湖北，从 2013 年开始，点出度高的地区相对较为稳定。通过自然断裂法，将雾霾污染产业关联网络中各个区域的点度中心度点入度分为三个层次，点入度较高的地区有山东、江苏、河南、湖南、河北、四川、安徽、广东、湖北、上海、江西，相比于 2013 年，点入度低的

---

① 由于版权等原因，在本书中所涉及的地图已被删除。如需要地图等图片，请联系笔者获取。

地区也较为稳定；点入度较低的地区有甘肃、宁夏、青海、新疆、海南、云南、广西、黑龙江，相比于 2013 年，点入度高的地区也较为稳定，这表示从 2018 年开始，产业关联网络中雾霾污染效应较大的辐射点和接受雾霾污染效应的吸收点都开始逐渐稳定，且这种辐射和吸收能力都在增强。中国东部地区进入了工业化后期，中部地区则是进入了工业化中后期阶段，西部地区却仍然处于工业化初期、中初期阶段。区域间产业结构差异较大，因此在产业关联的雾霾污染网络中，辐射点和吸收点较为稳定，下一步还应对产业结构进行调整，在调整区域间产业结构不平衡问题的同时解决雾霾污染在产业关联网络中的溢出问题。

5.2.3 雾霾污染产业关联网络节点演化分析

为了更加清晰地反映各区域在雾霾污染产业关联网络的动态变化情况，以每个区域的相关具体数据为基础，以程度点入度相关数据为横坐标，程度点出度相关数据为纵坐标，绘制散点图后以各相关数据中位数划分四个象限，得出各个节点城市所处象限并划分四个模式（王永刚，2014；李仙德，2016），且这四种模式的发展优度为："高程度点出度—高程度点入度"模式＞"高程度点出度—低程度点入度"模式＞"低程度点出度—高程度点入度"模式＞"低程度点出度—低程度点入度"模式。如果一个城市从"低程度点出度—低程度点入度"模式，变化到了"低程度点出度—高程度点入度"模式、"高程度点出度—低程度点入度"模式、"高程度点出度—高程度点入度"模式，则节点区域正向跃迁，在雾霾污染产业关联网络中的地位和作用得到提升，即位置重要程度提升。相反，如果一个地区从"高程度点出度—高程度点入度"模式变化到"高程度点出度—低程度点入度"模式、"低程度点出度—高程度点入度"模式或者"低程度点出度—低程度点入度"模式，则发生的是负向跃迁，区域在雾霾污染产业关联网络中所处的位置优度有所减弱，对于雾霾污染的扩散和吸收的地位和作用有所下降，四种模式的主要类型说明如下（如图 5.6 所示）。

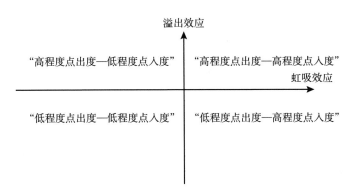

图 5.6 区域在雾霾污染产业关联网络中虹吸溢出能力示意

"高程度点出度—高程度点入度"模式：该区域在产业关联网络中对雾霾污染有较强的虹吸和溢出能力，在雾霾污染产业关联网络中起到重要作用，是雾霾污染联防联控的关键节点。

"高程度点出度—低程度点入度"模式：该区域在产业关联网络中对雾霾污染主要起到溢出的作用，雾霾污染防治应从源头出发。

"低程度点出度—高程度点入度"模式：该区域在产业关联网络中对雾霾污染主要起虹吸作用，应注意其他节点对该节点雾霾污染溢出效应。

"低程度点出度—低程度点入度"模式：该区域在产业关联网络中对雾霾污染没有虹吸和溢出能力。

由表 5.1 可以得出，将产业关联网络中雾霾污染能力分为四种模式。2008～2018 年，福建、安徽、广东、江西、湖南、湖北、河南、江苏一直处于"高程度点出度—高程度点入度"模式，这些省份在产业关联网络中一直有较强的虹吸和溢出能力，在雾霾污染产业关联网络中起到重要作用，是雾霾污染联防联控的关键节点，这些地区较多处于中国的中部，中部地区是承载产业转移的重要战略地区，因此产业关联能力较强，在产业关联网络中，对雾霾污染虹吸与溢出效应较强。2008～2013年，山西、上海、四川、山东从"高程度点出度—低程度点入度"模式转变为"高程度点出度—高程度点入度"模式，这些城市对雾霾污染的虹吸效应增强了，这是因为这几年经济快速发展，也可能是受其周边的省份产业辐射增大，雾霾污染问题严重，从而导致这些区域的雾霾污染对其他省份溢出的雾霾污染的虹吸效应增强。而北京在2008～2013年从"高程度点出度—高程度点入度"模式下降至"低程度点出度—低程度点入度"模式，后面又于2018年转变为"低程度点出度—高程度点入度"模式，这是由于2013年出台了一系列举措应对北京的大气污染，对北京雾霾污染溢出和虹吸效应有所限制，但是由于北京周边的河北一直处于"高程度点出度—高程度点入度"模式，而天津在2008～2013年一直处于"高程度点出度—低程度点入度"模式，因此导致对北京有雾霾污染溢出效应，在2018年，北京转换为"低程度点出度—高程度点入度"模式，而天津转换为"高程度点出度—高程度点入度"模式，京津冀雾霾污染之间的溢出作用进一步凸显，京津冀的雾霾污染必须联防联控，合理规划产业结构调整，才能实现京津冀的绿色发展（张扩军，2016）。2008～2018年，云南、贵州、青海、广西一直处于"低程度点出度—低程度点入度"模式，在产业关联网络中污染的溢出和虹吸能力一直较小；陕西则从2008年的"低程度点出度—低程度点入度"模式，转变为2013年的"低程度点出度—高程度点入度"模式，再转变为2018年的"低程度点出度—高程度点入度"模式，这是由于陕西的产业结构偏重使得雾霾污染程度较重，也由于陕西产业结构偏重，导致先是对外虹吸雾霾污染能力的提高，最后转变为产业关联网络中雾霾污染溢出点。重庆由2013年的"低程度点出度—低程度点入度"模式转变为2018年的"高程度点出度—低程度点入度"模式，这是由于重庆在2018年对外产业联系增强。从2018年的数据来看，雾霾污染联防联控的工作重点应该落在京津冀、长三角以及中部地区。在雾霾污染联防联控中，需因地制宜，以当地在产业关联网络中的实际情况制定有针对性的差别化产业政策，形成与当地情况相符合的有效执行方案。

表 5.1　　　　区域在雾霾污染产业关联网络中虹吸—溢出效应的演变

模式	2008 年	2013 年	2018 年
"高程度点出度—高程度点入度"模式	福建、安徽、广东、江西、北京、湖南、湖北、河南、江苏	山西、福建、江西、上海、四川、湖南、浙江、湖北、安徽、广东、河北、河南、山东、江苏	福建、陕西、天津、浙江、江西、上海、湖北、广东、安徽、四川、河北、湖南、河南、江苏、山东
"高程度点出度—低程度点入度"模式	四川、上海、天津、浙江、山东、山西、河北	天津	重庆、山西
"低程度点出度—高程度点入度"模式	海南、新疆、甘肃、吉林、辽宁、黑龙江、宁夏、内蒙古	陕西	北京
"低程度点出度—低程度点入度"模式	云南、重庆、贵州、青海、广西、陕西	海南、宁夏、青海、新疆、云南、甘肃、黑龙江、吉林、贵州、广西、内蒙古、北京、辽宁、重庆	甘肃、宁夏、青海、新疆、海南、云南、广西、黑龙江、吉林、贵州、内蒙古、辽宁

5.2.4　雾霾污染产业关联网络节点角色分析

为了进一步分析不同地区在雾霾污染产业关联中所担任的角色，针对各个地区的异质性情况提出有针对性的政策建议，使用 CONCOR 方法，对雾霾污染产业关联网络进行凝聚子群分析，发现可以分为 4 个子群，如图 5.7 所示。子群 1 为北京、河北、天津、山西、陕西、内蒙古、辽宁，这些地区大多处于中国东部、中部地区，形成带状格局，这些地区与外界的产业关联较为密切；子群 2 由重庆、福建、江苏、浙江、上海、安徽、江西、广东、湖南、湖北、河南、山东、四川 13 个地区组成，这些省份大部分位于中部地区，形成面状格局，这一面状格局的形成主要是地理位置的邻近性导致的；子群3为新疆、吉林、黑龙江、青海、甘肃、宁夏，包含了东北二省和西北四省，呈现双块格局；子群4由海南、贵州、云南、广西4个省份组成，这几个地区与其他省份地理距离较远，产业关联性较小。

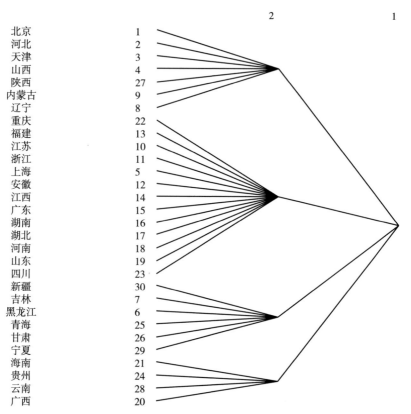

图5.7　区域在雾霾污染产业关联网络中的角色分析

　　根据表5.2，第一板块的期望内部关系比例为20.69%，实际内部关系比例是41.71%，该板块内部关系数低于第二板块，向其他板块发出关系数较多，但接受其他的溢出关系较少，因此净溢出效应显著，所以第一板块是"主溢出"板块。第二板块期望内部关系比例是41.38%，实际内部关系比例则是 74.86%，第二板块内和板块间的产业结构高级化溢出效应均显著，不仅接受其他板块的溢出关系，也向其他板块发出溢出关系，与此同时，有大量的内部关联，第二板块为"经纪人"板块。第三板块期望比例为 17.24%，同时，实际内部关系为 66.67%，接受来自其他板块的关系数要显著高于其发出关系数，溢出效应有限，因此第三板块是"主受损"板块。第四板块期望比例为 10.34%，而它的实际内部关系为 0，该板块只会接受其他板块的溢出关系，属于"次受损"板块。总体上，各板块内的区域间协同化特征较为明显，各个板块的溢出效应和梯度都具有显著的异质性，这也说明中国雾霾污染产业关联网络具有"总体分异、板块聚类"的特征，说明中国产业关联下雾霾污染存在空间异质性和空间依赖性，这也验证了本书第 4 章的结论。

表 5.2　　　　　　　2018 年雾霾污染产业关联板块间的溢出效应

板块	受益关系数		溢出关系数		期望内部关系比例（%）	实际内部关系比例（%）	板块
	板块内	板块外	板块内	板块外			
子群 1	23	34	23	33	20.69	41.71	"主溢出"
子群 2	131	34	131	44	41.38	74.86	"经纪人"
子群 3	2	4	2	1	17.24	66.67	"主受损"
子群 4	0	8	0	4	10.34	0	"次受损"

注：根据相关文献，期望的内部关系比例 =（板块内节点数量 -1）/（网络节点数量 -1）；实际内部关系比例 = 板块内部关系数/板块溢出关系总数。

根据表 5.2 中各板块间关联数计算板块间的密度矩阵，如表 5.3 所示。第一板块内部以及与第二板块具有显著的雾霾污染产业关联溢出效应；第二板块的溢出效应主要是在其内部，以及对第一板块的溢出效应。此外，2018 年中国雾霾污染产业关联网络密度为 0.2736，若某板块密度高于 0.2736，则该板块雾霾污染产业关联集中性发展趋势显著。将表 5.3 密度矩阵进行赋值，网络密度大于 0.2736 则赋值为 1，小于 0.2736 则赋值为 0，得到表 5.3 中的像矩阵。板块一和板块二的自返性程度较高，且这两个板块具有密切的产业关联下雾霾污染发展关联关系，内部聚类特征明显。

表5.3   密度矩阵和像矩阵

板块	密度矩阵				像矩阵			
	板块一	板块二	板块三	板块四	板块一	板块二	板块三	板块四
板块一	0.548	0.341	0.048	0.000	1	1	0	0
板块二	0.374	0.840	0.026	0.154	1	1	0	0
板块三	0.024	0.000	0.067	0.000	0	0	0	0
板块四	0.000	0.077	0.000	0.000	0	0	0	0

图5.8 可以清楚反映产业关联下中国雾霾污染板块间的传递互动机制，"主溢出"板块在空间关联网络中扮演着"发动机"角色，它将雾霾污染的动能通过产业关联网络传递给"经纪人"板块和"主受损"板块，发展动能被"经纪人"板块进一步传递给"主受损"板块、"次受损"板块，"梯度"传递机制明显，"主溢出"板块和"经纪人"板块间联系最为显著，中国的中部和东部地区作为能源富集地区与经济发达地区，之间经济来往紧密，因此二者联系最为紧密。但从图5.8 中也可以看出，"次受损"板块与"主溢出"板块不具有直接关联，这也表现出中国产业联系的层次，由于中部地区承东启西，是实行产业转移战略的重要地区，在雾霾污染防治过程中，一定要实行中部地区与周围地区的雾霾污染联防联控工作，以防止雾霾污染从"主溢出"板块通过"经纪人"板块向"次受损"板块转移。同时可以发现板块一和板块二中内部溢出关系数较多，凸显出板块一和板块二中地区对内部产业联系强度较大，雾霾污染在内部产业联系网络中溢出能力强，并转型为相互溢出的态势，因此板块一和板块二中的地区应实行区域协同产业结构调整从而减少雾霾污染相互溢出效应。因此，揭示雾霾污染产业关联网络的

结构，制定差异化的减排措施是减少雾霾污染目标顺利实现的重要保证。

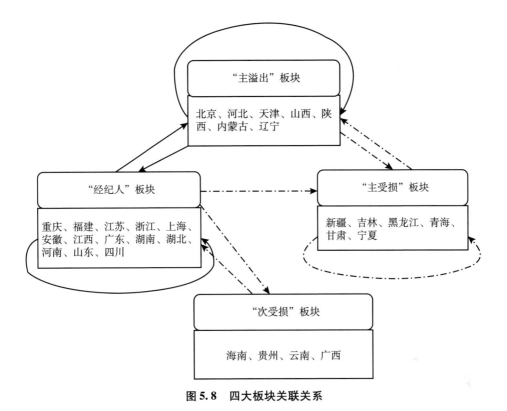

图 5.8　四大板块关联关系

5.3　产业关联下产业结构调整对雾霾污染的影响分析

本节中，在测算产业结构调整关联网络的基础上，进一步分析产业关联下产业结构调整对雾霾污染的影响。

5.3.1　产业结构调整关联网络构建

首先是确定区域间产业结构高级化关联关系和区域间产业结构合理化关

联关系。部分学者采用 VAR 模型构建网络关联模型，但是其结果容易受稳定性和滞后阶数的影响，因此本节基于冷炳荣等（2011）、汤放华等（2013）、刘华军等（2015）、林春艳和孔凡超（2016）的研究，选择修正的引力模型构建产业结构高级化关联网络和产业结构合理化关联网络，其公式如式（5.6）、式（5.7）所示：

$$y_{Oij} = a_{ij}\frac{\sqrt[3]{O_iG_iC_i}\sqrt[3]{O_jG_jC_j}}{D_{ij}^2}, \quad a_{ij} = \frac{O_i}{O_i+O_j} \tag{5.6}$$

$$y_{rij} = b_{ij}\frac{\sqrt[3]{R_iG_iC_i}\sqrt[3]{R_jG_jC_j}}{D_{ij}^2}, \quad b_{ij} = \frac{R_i}{R_i+R_j} \tag{5.7}$$

其中，y_{Oij} 表示区域 i 和 j 产业结构高级化的联系强度，其中 a_{ij} 表示区域之间产业结构高级化空间联系中的贡献率，O_i、O_j 为区域 i 和 j 的产业结构高级化程度，用各地区第三产业增加值与第二产业增加值的比值衡量；y_{rij} 表示区域 i 和 j 产业结构合理化联系强度，其中 b_{ij} 表示区域之间产业结构合理化空间联系中的贡献率；R_i、R_j 为区域 i 和 j 的产业结构合理化程度，由式（3.1）计算得到；G_i、G_j 表示区域 i 和 j 的国内生产总值；D_{ij} 是指两个区域之间的直线距离，是在 ArcGIS 相关模块中运算下获取。C_i、C_j 为区域 i 和 j 的内在产业联系能力，由式（5.1）计算而得。

借助 UCINET 6.0 软件绘制 2008 年、2013 年和 2018 年中国产业结构高级化的关联图，如图5.9所示，整体来看，中国产业结构高级化具有明显的网络结构特征，在 2008 年仅有青海、甘肃、宁夏、新疆尚未融入中国产业结构高级化网络，在 2013 年青海和甘肃融入产业结构高级化网络，在 2018 年，宁夏也融入了产业结构高级化网络。从图5.10可以看出，产业结构高级化的空间关联总数由 2008 年的 216 个上升至 2013 年的 350 个再上升至 2018 年的 489 个，网络密度也由 2008 年的 0.2483 上升至 2013 年的 0.4023 再上升至 2018 年的 0.5621，增幅较大，说明中国产业结构高级化的空间关联程度逐年增强，呈现出协同发展的趋势，同时产业结构高级化网络密度距离 1 还较远，说明中国的产业结构高级化的协同发展还存在很大提升空间。

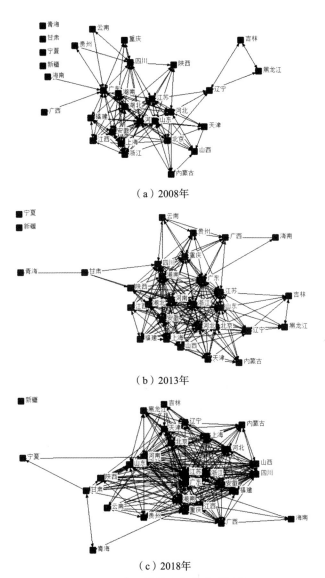

（a）2008年

（b）2013年

（c）2018年

图 5.9　产业结构高级化关联网络

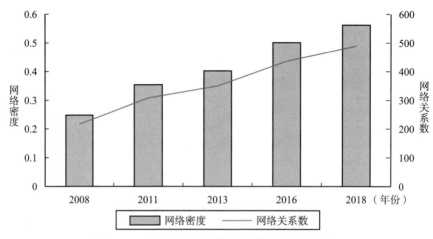

图 5.10 产业结构高级化关联网络网络密度特征

借助 UCINET 6.0 软件绘制 2008 年、2013 年和 2018 年中国产业结构合理化关联图，如图 5.11 所示。整体来看，中国产业结构合理化也呈现出明显的网络结构特征，在 2008 年仅有宁夏、新疆尚未融入中国产业结构合理化网络，在 2013 年宁夏、新疆融入产业结构合理化网络，在 2018 年可以很明显地看出产业结构合理化网络联系进一步加强。从图 5.12 中可以看出，产业结构合理化的空间关联总数由 2008 年的 362 个上升至 2013 年的 520 个再上升至 2018 年的 597 个，网络密度也由 2008 年的 0.4161 上升至 2013 年的 0.5977 再上升至 2018 年的 0.6862，增幅较大，说明中国产业结构合理化的空间关联程度逐年增强，呈现出协同发展的趋势，同时产业结构合理化网络密度距离 1 还较远，说明中国的产业结构合理化的协同发展还存在很大提升空间。在制定产业结构政策时，区域间产业结构调整空间关联及其联动效应应当被充分考虑，推进区域产业结构调整整体的协同发展。

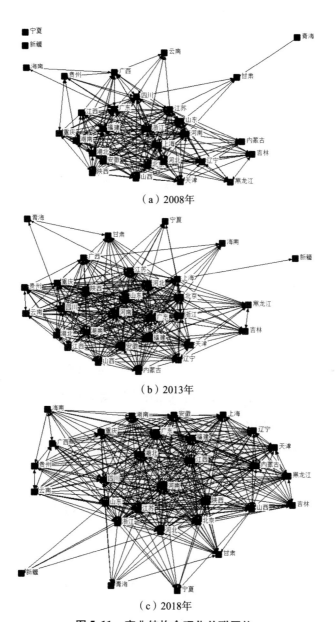

（a）2008年

（b）2013年

（c）2018年

图5.11　产业结构合理化关联网络

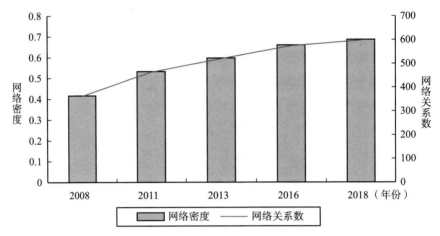

图5.12　产业结构合理化关联网络网络密度特征

5.3.2　模型构建

以 STIRPAT 模型为基准模型，$I_{it} = aP_{it}^b A_{it}^c T_{it}^d e$，$I$、$P$、$A$ 和 T 为环境、人口、经济和技术，e 为误差项，对模型进行进一步的改进，其两边取自然对数后，本节以产业关联下 $PM_{2.5}$ 浓度网络作为环境压力对象，以产业结构调整作为技术水平代入 STIRPAT 模型，得到以下模型：

$$\ln PM_{it} = a_0 + a_{1m}\ln Apop_{it} + a_{2m}\ln Agdp_{it} + a_{3m}\ln ISO_{it} + e_{it} \tag{5.8}$$

$$\ln PM_{it} = b_0 + b_{1m}\ln Apop_{it} + b_{2m}\ln Agdp_{it} + b_{3m}\ln ISR_{it} + \theta_{it} \tag{5.9}$$

其中，PM_{it} 为区域 i 在 t 时期的 $PM_{2.5}$ 污染浓度，ISO_{it}、ISR_{it} 分别为区域 i 在 t 时期的产业结构高级化程度、产业结构合理化程度；$Apop_{it}$ 为第 i 个地区第 t 个时期的人口密度，代表人口因素；$Agdp_{it}$ 为第 i 个地区第 t 个时期的人均生产总值，代表经济发展程度；a_0、b_0 为待估计的常数项，a_{1m}、a_{2m}、a_{3m}、b_{1m}、b_{2m}、b_{3m} 为待估系数，e_{it} 和 θ_{it} 表示与时间和地区都无关的随机误差项。

由于雾霾污染产业关联矩阵、产业结构高级化空间关联矩阵和产业结构合理化空间关联矩阵的构建过程中使用了 GDP、产业投入产出等数据。解释数据矩阵与产业结构调整的空间关联矩阵存在相关性,导致"多重共线性"的存在,因此传统的方法不适用。在这里,本节研究选择 QAP(quadratic assignment procedure)分析法,对矩阵之间的关系进行分析。QAP 方法就是对两个矩阵中各个元素的相似性进行比较,从而计算出矩阵间的系数关系,并对其进行非参数检验。相比传统的参数方法,QAP 方法计算出的矩阵间关系的估计结果更加稳健(George and Barnett,2011;李敬等,2014;刘华军等,2015;王俊和夏杰长,2018)。

为应用 QAP 方法对产业联系下产业结构调整对雾霾污染的影响进行分析,模型(5.7)和模型(5.8)中的产业结构高级化程度和产业结构合理化程度,在这里分别用第 5.2 节中计算的产业结构高级化关联矩阵和产业结构合理化关联矩阵替代。经济发展水平,在这里使用各区域之间人均 GDP 的两两差值的经济发展矩阵表示。人口因素,在这里使用各区域之间人口密度的两两差值矩阵表示。以上数据覆盖时间为 2008~2018 年,数据来源于 2009~2019 年《中国城市统计年鉴》《中国统计年鉴》及各省份统计年鉴。

5.3.3 实证结果分析

运用构建的模型对 2008 年、2011 年、2013 年、2016 年和 2018 年中国雾霾污染产业关联网络矩阵与产业结构高级化关联矩阵、产业结构合理化关联矩阵进行 QAP 回归分析,选择 5000 次的随机置换次数,表 5.4 报告了回归结果,显著性概率值分别为 0.000、0.000、0.020、0.007 和 0.024,模型均显著,说明产业结构调整影响雾霾污染产业关联网络的模型构建较为合理。

表 5.4　产业关联下产业结构调整对雾霾污染的影响参数估计

变量	2008 年		2010 年		2013 年		2016 年		2018 年	
ISO	-0.062 (-0.079)		-0.114 (-0.123)		-0.073 (-0.075)		-0.023 (-0.014)		-0.023* (-0.025)	
ISR		0.114** (0.123)		-0.084 (-0.084)		-0.122 (-0.133)		-0.046 (-0.050)		-0.053* (-0.058)
POP	0.044 (0.057)		0.004 (0.004)		0.075 (0.078)		0.050 (0.052)		0.042 (0.037)	0.051 (0.046)
GDP	0.110** (0.121)	0.092** (0.101)	0.107 (0.126)	0.112 (0.133)	0.106 (0.116)	0.078 (0.081)	0.095 (0.098)	0.116* (0.120)	0.154 (0.105)	0.180* (0.123)

注：括号中为标准化系数，*、**分别表示10%、5%的显著性水平。

从回归结果来看，产业结构高级化仅在 2018 年对产业关联下雾霾污染具有负的显著影响，其余年份呈现出不显著的负向影响；产业结构合理化则一开始在 2008 年对雾霾污染产业关联网络呈现出正向影响，加速产业关联下雾霾污染的溢出，在 2010～2016 年呈现出不显著的负向影响，直至 2018 年对雾霾污染呈现出显著的负向影响特征。由此可见，随着地区产业结构调整关联程度提高，产业关联下产业结构高级化对雾霾污染由最初的负向不显著转变为了 2018 年的负向显著，产业结构高级化的减霾效应显著提高。同时，产业关联下产业结构合理化对雾霾污染由 2008 年的显著正向作用转变为 2010 年、2013 年、2016 年的负向不显著，最终进一步转化为 2018 年对雾霾污染显著的负向作用。这正是由于随着区域间产业结构调整产业关联程度的增大，区域协同发展程度能力增强，区域间的外部性减少，这证实了 H5。同时，参考本书第 4 章的内容可以发现，未考虑空间关联作用下的产业结构高级化对雾霾污染为正向作用，而在产业关联作用下的产业结构高级化对雾霾污染始终为负向作用，这也证实徐志伟（2016）的研究结论，产业结构调整对雾霾污染的产业关联效应可以进一步增加产业结构调整的减霾效应或弱化产业结构调整的增霾效应，而产业结构合理化在 2008 年呈现出增霾效应，这可能是由于此时科技水平发展降低，产业结构合理化通过提高资源配置效率，短期内提高了科技水平，引起了能源消费的提高而导致的雾霾污染回弹，这一部分内容将在第 6 章进行讨论。

SNA 方法对断点值要求较高，引力值的平均值作为基准值可能减少产业网络关联关系数，从而造成 QAP 分析结果偏差。因此有必要以基准值上下一定比例的数作为新的基准值进行稳健性分析，本节分别选取雾霾产业关联引力值平均值的 120% 和 80% 作为新的断点，得到各年雾霾污染产业关联新矩阵被进行 QAP 分析，对本节实证分析结果进行验证。结果发现，当平均值的 120% 和 80% 作为基准值，解释变量符号未变化（见表 5.5 和表 5.6）。回归结果较为稳健，结论可信。

表 5.5　产业关联下产业结构调整对雾霾污染的影响参数估计（断点值取基准值的 120%）

变量	2008 年		2010 年		2013 年		2016 年		2018 年	
ISO	-0.102 (-0.134)		-0.118 (-0.011)		-0.084 (-0.089)		-0.033 (-0.021)		-0.024* (-0.027)	
ISR		0.004 (0.004)		-0.075 (-0.078)		-0.125* (-0.142)		-0.067 (-0.074)		-0.049* (-0.055)
POP	0.099* (0.133)	0.088 (0.118)	0.009 (0.011)	0.003 (0.004)	0.053 (0.057)	0.056 (0.060)	0.028 (0.031)	0.040 (0.043)	0.027 (0.024)	0.035 (0.032)
GDP	0.072 (0.082)	0.095 (0.109)	0.088 (0.109)	0.090 (0.111)	0.107 (0.122)	0.164** (0.187)	0.105 (0.113)	0.135* (0.145)	0.153 (0.107)	0.177* (0.125)

注：括号中为标准化系数，*、**分别表示 10%、5% 的显著性水平。

表 5.6　产业关联下产业结构调整对雾霾污染的影响参数估计（断点值取基准值的 80%）

变量	2008 年	2010 年	2013 年	2016 年	2018 年
ISO	-0.096 (-0.115)	-0.108 (-0.112)	-0.069 (-0.068)	-0.020 (-0.012)	-0.009* (-0.010)
ISR	0.004 (0.004)	-0.068 (-0.065)	-0.115 (-0.122)	-0.047 (-0.049)	-0.088* (-0.092)
POP	0.036 (0.022)	0.034 (0.037)	0.086 (0.086)	0.078 (0.078)	0.083 (0.071)
GDP	0.099 (0.104)	0.092 (0.105)	0.101 (0.107)	0.092 (0.091)	0.166 (0.109)
POP	0.102 (0.127)	0.046 (0.050)	0.089 (0.089)	0.086 (0.086)	0.100 (0.086)
GDP	0.099 (0.103)	0.094 (0.106)	0.155* (0.165)	0.113 (0.113)	0.206** (0.135)

注：括号中为标准化系数，*、** 分别表示 10%、5% 的显著性水平。

5.4 本章小结

产业结构调整是应对雾霾污染的重要手段，但是在进行产业结构调整政策制定过程中，各级单位往往忽视产业部门间复杂的关联性。因此，本章通过产业关联理论和修正的引力模型构建产业联系下雾霾污染产业关联网络，并应用社会网络分析法和 QAP 分析法研究产业关联下产业结构调整对雾霾污染的影响。结果发现：（1）相比 2014 年，2018 年雾霾污染产业关联密度及其溢出关系减少，中国的联防联控协同治理政策初显治理效果。（2）2008～2018 年，中国雾霾污染产业关联网络整体特征呈现出低密度、高稳健性的特点，产业关联渠道较多，网络结构较为完整，网络等级平缓，具有高连通性，地区间雾霾污染产业关联溢出影响较为直接；雾霾污染产业关联网络整体点出度和整体点入度均低于 50%，雾霾污染网络均衡，仅对重点地区实施雾霾污染减排措施并不能对全国雾霾减排目标产生长效"治霾"机制。（3）2008～2018 年，中国雾霾污染产业关联网络整体点出度远高于点入度，通过产业关联向外溢出雾霾污染能力强于吸收雾霾污染的能力，治理雾霾污染应该从污染源着手进行治理。（4）中国的东部和中部地区在雾霾污染产业关联网络中属于"主溢出"板块和"经纪人"板块，雾霾污染联防联控的工作重点应该落在京津冀、长三角还有中部地区。（5）随着地区产业结构调整关联程度提高，产业关联下产业结构高级化对雾霾污染由最初的负向不显著转变为了2018 年的负向显著；产业关联下产业结构合理化对雾霾污染由 2008 年的显著正向作用转变为 2010～2016 年的负向不显著，最终进一步转化为 2018 年对雾霾污染显著的负向作用，证实了 H5。

第6章

产业结构调整对雾霾污染的门槛效应

部分研究认为产业结构与雾霾污染呈现出非
线性关系。本书的第 4 章、第 5 章将产业结构与
中国雾霾污染的关系拟合为线性关系,忽略了对
非线性关系("门槛效应")的考察。本章将通过
构建面板门槛模型研究分析产业结构对中国雾霾
污染的非线性关系,并延伸至国家及省域内部,
识别非线性阶段的影响因素。

6.1　产业结构调整对雾霾
污染的门槛效应分析

6.1.1　模型构建

面板数据的门槛回归模型主要用来描述机制

转变（Hansen，1999）：

$$y_{it} = x_{it}\beta + \theta q_{it}I(\cdot) + \varepsilon_{it} \tag{6.1}$$

其中，y_{it} 表示被解释变量，x_{it} 表示基本解释变量；q_{it} 表示门槛变量；ε_{it} 表示残差；β、θ 为待估参数；$I(\cdot)$ 表示指数函数，其结构为：

$$I(\cdot) = \begin{cases} 1, & q_{it} \leqslant \gamma \\ 0, & q_{it} > \gamma \end{cases} \tag{6.2}$$

其中，γ 表示门槛值，即机制发生转换的临界点。本章主要研究产业结构变化对雾霾污染的影响，考虑将产业结构变化作为一个门槛变量，从产业结构变动的视角，研究雾霾污染的影响机制阶段性变化规律。因此，选择门槛模型作为实证分析方法是可行的。

根据以往文献，本章选择在 STIRPAT 基准模型的基础上构建门槛模型，研究雾霾污染与产业结构之间的非线性关系，考虑到数据的可获得性及参考相关文献，扩展后的 STIRPAT 模型为：

$$\ln PM_{it} = a_0 + a_{1m}I(ISn_{it})\ln ISO_{it} + a_{2m}\ln Agdp_{it} + a_{3m}\ln Apop_{it} + a_{4m}OPEN_{it}$$
$$+ a_{5m}NR_{it} + a_{6m}CIT_{it} + a_{7m}ENE_{it} + e_{it} \tag{6.3}$$

$$(ISn_{it}) = \begin{cases} \alpha_{j1} & (ISn_{it} \leqslant \theta_{j1}) \\ \alpha_{j2} & (ISn_{it} > \theta_{j1}) \end{cases} \tag{6.4}$$

$$\ln PM_{it} = b_0 + b_{1m}I(ISn_{it})\ln ISR_{it} + b_{2m}\ln Agdp_{it} + b_{3m}\ln Apop_{it} + b_{4m}OPEN_{it}$$
$$+ b_{5m}NR_{it} + b_{6m}CIT_{it} + b_{7m}ENE_{it} + \varepsilon_{it} \tag{6.5}$$

$$I(ISn_{it}) = \begin{cases} \beta_{j1} & (ISn_{it} \leqslant \theta_{j2}) \\ \beta_{j2} & (ISn_{it} > \theta_{j2}) \end{cases} \tag{6.6}$$

在式（6.3）、式（6.4）、式（6.5）、式（6.6）中，PM_{it} 表示 i 地区 t 时期的 PM$_{2.5}$ 浓度，ISn_{it} 表示 i 地区 t 时期第 n 产业占 GDP 的比重（$n = [1, 3]$），ISO_{it} 为 i 地区 t 时期的产业结构高级化程度，ISR_{it} 为 i 地区 t 时期的产业结构高级化程度，$Agdp_{it}$ 为 i 地区 t 时期的人均 GDP，$Apop_{it}$ 为 i 地区 t 时期的人口密度，$Open_{it}$ 为 i 地区 t 时期的对外开放程度，NR_{it} 为 i 地区 t 时期的资源

禀赋，ENE_{it} 为 i 地区 t 时期的能源消费；e_{it}、ε_{it} 为误差项；α_0、b_0 为待估常数项；θ_{j1} 和 θ_{j2} 为待估门槛值；其余为待估系数。

在式（6.3）、式（6.4）、式（6.5）和式（6.6）中，上述模型假设只有一个门槛值，即，由于不同的门槛值，每个变量对雾霾污染的影响被分为两个阶段，但是，可能会出现多个门槛值，假设 $\theta_{j3} < \theta_{j4}$，$\theta_{j5} < \theta_{j6}$，并以此为双门槛构建模型：

$$\ln PM_{it} = a_0 + a_{1m}I(ISn_{it})\ln ISO_{it} + a_{2m}\ln Agdp_{it} + a_{3m}\ln Apop_{it}$$
$$+ a_{4m}OPEN_{it} + a_{5m}NR_{it} + a_{6m}CIT_{it} + a_{7m}ENE_{it} + e_{it} \qquad (6.7)$$

$$a_{jm}I(ISn_{it}) = \begin{cases} \alpha_{j3}\,(ISn_{it} \leq \theta_{j3}) \\ \alpha_{j4}\,(\theta_{j3} < ISn_{it} \leq \theta_{j4}) \\ \alpha_{j5}\,(ISn_{it} > \theta_{j4}) \end{cases} \qquad (6.8)$$

$$\ln PM_{it} = b_0 + b_{1m}I(ISn_{it})\ln ISR_{it} + b_{2m}\ln Agdp_{it} + b_{3m}\ln Apop_{it}$$
$$+ b_{4m}OPEN_{it} + b_{5m}NR_{it} + b_{6m}CIT_{it} + b_{7m}ENE_{it} + \varepsilon_{it} \qquad (6.9)$$

$$b_{jm}I(ISn_{it}) = \begin{cases} \beta_{j3}\,(ISn_{it} \leq \theta_{j5}) \\ \beta_{j4}\,(\theta_{j5} < ISn_{it} \leq \theta_{j6}) \\ \beta_{j5}\,(ISn_{it} > \theta_{j6}) \end{cases} \qquad (6.10)$$

在门槛模型中所有残差平方和最小时可以获得最优门槛值，门槛效应是否存在的原假设为：$H_0: \beta_1 = \beta$，若原假设成立，则门槛效应不存在，$a_{jm}I(ISn_{it})$、$b_{jm}I(ISn_{it})$ 不具有影响。若原假设不成立，则有：$H_1: \beta_1 \neq \beta$，存在门槛效应。LR 统计量用似然比 $LR = [S_0 - S_1(x)]/x^2$ 检验。其中，x 为 $a_{jm}I(ISn_{it})$、$b_{jm}I(ISn_{it})$，原假设 H_0 成立时，S_0 表示残差平方和。原假设 H_0 不成立时，LR 统计量是非标准分布。因此根据汉森（Hansen，1999），本章选择自举法（Bootstrap），通过构建渐进分布构造 P 值，确定门槛置信区间。

6.1.2 变量选取与数据描述

被解释变量：PM$_{2.5}$浓度（PM），数据来自卫星监测数据。本章研究进一步采用 ArcGIS 软件将此栅格数据解析为中国 30 个省份的 2008～2018 年年均 PM$_{2.5}$浓度数据（不包括香港、澳门、台湾、西藏）。

门槛变量：产业结构（ISn），是各省份的第一产业增加值占 GDP 的比重（$IS1$）、第二产业增加值占 GDP 的比重（$IS2$）及第三产业增加值占 GDP 的比重（$IS3$）。

核心解释变量：产业结构高级化（ISO），这里用第三产业增加值与第二产业增加值的比来衡量；产业结构合理化（ISR），由式（3.1）计算得到。

控制变量：（1）经济发展（$Agdp$），本章选取人均 GDP 来表示，以往文献中直接使用各个地区的 GDP 总值，本书认为人口因素的人均 GDP 更能准确代表当地经济发展水平。（2）人口密度（$Apop$），人口因素在这里参考邵帅等（2016），采用人口密度表示。（3）对外开放（$OPEN$），在这里用进出口总额表示，有显著的技术溢出效应，显著影响产业发展。（4）自然禀赋（NR），表现为不同地区产业结构的资源约束。根据徐康宁和王剑（2006），自然资源可得性表现为采掘业投入水平，可以以此表示自然资源禀赋。根据原毅君和谢荣辉（2014），农林牧渔业也使用了自然资源提供的初级生产资料。因此，本章选用采掘业和农林牧渔业固定资产投资的和与全社会固定资产投资的比，来反映自然资源禀赋。（5）城镇化率（CIT），采用城镇人口占总人口的比重来衡量城镇化率，城镇化呈现出资源要素在空间上的集聚以及分工，居民生产和生活方式发生变化，从而影响空气质量。（6）能源消费（ENE），也是在考虑人口因素的原因下选择了能源人均消费代表能源消费的指标。能源消费程度也是空气污染的重要影响因素。

以上社会经济统计数据来自 2009～2019 年的《中国统计年鉴》《中国城市统计年鉴》及各省份统计年鉴。

6.1.3 面板数据检验

6.1.3.1 单位根检验

本章使用了 LLC 检验、LM 检验和 ADF 检验，避免单一检验局限性。原假设均为 H_0：存在单位根。根据检验结果支持原假设，原变量中部分均存在单位根，序列不平稳。因此对所有变量取自然对数形式，再进行单位根检验。结果如表 6.1 所示。

表 6.1　　　　　　　　　面板数据平稳性检验

原变量	取对数	LLC 检验	ADF 检验
$PM_{2.5}$	$\ln PM_{2.5}$	− 10.867 ***	90.316 ***
ISO	$\ln ISO$	− 9.087 ***	162.574 ***
ISR	$\ln ISR$	− 12.599 ***	144.517 ***
$Agdp$	$\ln Agdp$	− 8.774 ***	309.817 ***
$Apop$	$\ln Apop$	− 12.811 ***	181.726 ***
$OPEN$	$\ln OPEN$	− 9.271 ***	144.495 ***
NR	$\ln NR$	− 12.050 ***	185.053 ***
CIT	$\ln CIT$	− 17.012 ***	307.435 ***
ENE	$\ln ENE$	− 7.764 ***	192.800 ***
IS	$\ln IS$	− 8.374 ***	139.446 ***

注：*** 表示在 1% 的水平下显著。

经过对面板数据的两种单位根检验，本章研究发现取对数后的变量通过了单位根检验，面板数据稳定。本章中的所有变量都采用对数形式。

6.1.3.2　共线性检验

接着在进行产业结构调整对雾霾污染的门槛效应分析之前首先对模型
（6.3）和模型（6.5）进行共线性检验，消除数据的异方差性，具体结果如
表6.2所示。

表6.2　　　　　　　　　　面板数据共线性检验

变量	模型（6.3）		模型（6.5）	
	VIF	1/VIF	VIF	1/VIF
lnISO	1.34	0.7437		
lnISR			3.04	0.3286
ln$AGDP$	1.76	0.5680	2.27	0.4397
ln$APOP$	1.14	0.8804	1.69	0.5908
ln$OPEN$	1.06	0.9391	1.14	0.8787
lnNR	1.02	0.9795	1.08	0.9221
lnCIT	1.04	0.9579	1.04	0.9622
lnENE	1.47	0.6785	1.02	0.9806
Mean VIF	1.26		1.61	

可以看出，核心解释变量和所有控制变量的方差膨胀因子（VIF）的值
均在（0，10）范围内，且远低于10，说明变量之间不存在多重共线性，表
明所使用的计量模型结果较为准确。

6.1.4　产业结构调整对雾霾污染的门槛效应检验

门槛模型检验包括门槛效应的显著性检验和门槛估计值的真实性检验。
门槛效应的原假设为，H_0：A1 = A2，如果原假设成立，则不存在门槛效应；

若原假设被拒绝，则存在单门槛。在此基础上，对双重门槛效应进行检验，检验不通过，则只存在单门槛；若通过，则存在双门槛，并可以以此对三重门槛进行类推。进一步对门槛估计值进行检验，检验门槛估计值是否显著，第一产业增加值占 GDP 的比重（$IS1$）、第二产业增加值占 GDP 的比重（$IS2$）、第三产业增加值占 GDP 的比重（$IS3$）分别为门槛变量，依次假定存在 1、2、3 个门槛值的产业结构高级化影响雾霾污染的门槛模型，F 值和 P 值如表 6.3 所示（经过 300 次反复抽样，下同）。

表 6.3　产业结构变化下产业结构高级化影响雾霾污染的门槛效应检验

门槛变量	门槛类型	F 值	1%	5%	10%	门槛值	置信区间
$IS1$	单一	31.8565 ***	27.144	22.598	20.317	14.261	[13.55，14.4]
	双重	4.21	11.485	9.616	7.932		
	三重	10.03	33.624	30.567	29.143		
$IS2$	单一	5.98	10.918	9.680	9.244		
	双重	9.31	13.903	12.473	11.469		
	三重	3.35	15.307	10.515	9.466		
$IS3$	单一	8.46	11.437	9.693	9.159		
	双重	10.38	26.307	18.280	15.977		
	三重	5.53	39.792	33.715	28.092		

注：*** 表示在1%的水平下显著。

由表 6.3 可以看出，在产业结构演变过程中，仅有以第一产业增加值占 GDP 的比重为门槛值模型检验在 1% 水平下显著，即仅当第一产业变化，产业结构高级化影响雾霾污染呈现两阶段非线性特征。其门槛值为 14.261，置信区间为 [13.6，14.4]。以第二产业增加值占 GDP 的比重、第三产业增加值占 GDP 的比重作为门槛变量的模型均不显著，接受原假设，第二产业和第三产业的变化对产业结构高级化影响雾霾污染不存在门槛效应。

以第一产业增加值占 GDP 的比重、第二产业增加值占 GDP 的比重、第三产业增加值占 GDP 的比重为门槛变量，依次假定存在 1、2、3 个门槛值的产业结构合理化影响雾霾污染的门槛模型，如表 6.4 所示。

表 6.4　产业结构变化下产业结构合理化影响雾霾污染的门槛效应检验

门槛变量	门槛类型	F 值	1%	5%	10%	门槛值	置信区间
IS1	单一	33.31***	29.914	26.148	25.584	17.088	[16.5, 17.4]
	双重	20.40***	13.136	11.135	9.810	1.231 3.736	[0.840, 1.331] [1.515, 4.159]
	三重	26.13	29.914	137.020	114.481		
IS2	单一	14.59***	10.163	7.802	6.968	31.810	[28.316, 34.700]
	双重	11.29	16.096	13.370	11.468		
	三重	5.6	33.684	27.278	22.380		
IS3	单一	7.32***	6.563	4.706	4.376	37.9	[37.6, 38]
	双重	2.83	4.859	3.917	3.407		
	三重	5.88	7.126	5.547	4.987		

注：*** 表示在 1% 的水平下显著。

检验结果发现（见表 6.4），产业结构合理化影响雾霾污染的模型中，以第一产业增加值占 GDP 的比重为门槛变量，单一门槛检验和双重门槛模型均在 1% 的水平下显著；以第二产业增加值占 GDP 的比重为门槛变量，在 1% 的水平下仅有单一门槛显著；以第三产业增加值占 GDP 的比重为门槛变量，在 1% 的水平下仅有单一门槛显著。以第一产业增加值占 GDP 的比重为门槛变量的模型估计得到显著的双重门槛，其门槛值分别为 1.231 和 3.736，置信区间为 [0.840，1.331] 和 [1.515，4.159]；以第二产业增加值占 GDP

的比重为门槛变量的模型估计得到显著的单重门槛，其门槛值为 31. 810，置信区间为 [28. 316，36. 700]；以第三产业增加值占 GDP 的比重为门槛变量的模型估计得到显著的单重门槛，其门槛值为 37. 9，置信区间为 [37. 6，38]。门槛值的识别为后续的计量参数估计提供了基础。

6.1.5　门槛估计值检验

门槛值确定后，进一步对门槛参数进行估计（见表 6.5），在以第一产业结构增加值在 GDP 中占比为门槛变量的模型中，产业结构高级化对中国雾霾污染存在单门槛效应，当第一产业增加值占 GDP 的比例（*IS*1）小于门槛值时，产业结构高级化对中国雾霾污染的负向作用不显著；当第一产业增加值占 GDP 的比例（*IS*1）大于门槛值时，产业结构高级化对中国雾霾污染的负向作用在 1% 的水平下显著为负。

表 6.5　以第一产业占比为门槛的产业结构高级化影响雾霾污染的估计结果

解释变量	回归系数	标准差
ln*ISO*（*IS*1 ≤ 14. 261%）	− 0. 0769	0. 067
ln*ISO*（*IS*1 > 14. 261%）	− 0. 7323 ***	0. 120
ln*AGDP*	0. 0762	0. 059
ln*APOP*	0. 1327 ***	0. 044
ln*OPEN*	0. 1843 ***	0. 019
ln*NR*	− 0. 1384 ***	0. 025
ln*CIT*	0. 0737	0. 025
ln*ENE*	0. 1428 *	0. 081
常数项	− 0. 3352	0. 751

注：***、* 分别表示在 1%、10% 的水平下显著。

从表 6.5 可以看出，以第一产业增加值占 GDP 的比例为门槛变量时，即当其比例高于 14.261% 时，产业结构高级化程度每提高 1%，中国雾霾污染程度减少 0.7323%，且在 1% 的水平下显著；当第一产业增加值占 GDP 的比重相对较高时，产业结构高级化的减霾效应较为显著，而当第一产业在国内生产总值的比重持续下降到 14.2% 时，产业结构高级化的减霾效应转变为不显著。第一产业占比较高并不意味着该地区处于工业化初期、中初期，以 2018 年数据来看目前我国第一产业占比高于 14.2% 的地区有贵州、广西和海南，在这些地区第三产业也为其支撑产业，因此此时产业结构高级化能够进一步强化这些地区现代服务业的建设，减少雾霾污染。

从表 6.6 可以看出，第一产业占比变化对产业结构合理化减霾效应具有双重门槛的影响，当第一产业增加值占 GDP 的比例低于门槛变量时，即当其小于 1.231% 时，产业结构合理化影响雾霾污染的系数不显著，而当第一产业增加值占 GDP 的比例高于 1.231% 但是低于 3.736% 时，产业结构合理化程度每提高 1%，中国雾霾污染会增加 0.265%；而当第一产业占比进一步提高，超过第二门槛值 3.736% 时，产业结构合理化程度每提高 1%，中国雾霾污染会减少 0.1041%。当第一产业在第三区间时，产业结构合理化程度增加能够有效减少雾霾污染，当第一产业下降至第二区间时，此时产业结构合理化反而会引起雾霾的增加，当第一产业占比继续下降，产业结构合理化增霾效应会转变为不显著，由于科技创新是驱动产业结构合理化的重要因素（卢子宸和高汉，2020），异质性科技创新会产生能源回弹效应（Greening et al.，2000），从而对产业结构减霾效应产生不同的作用效果，在第 6.2 节中进一步进行探讨。

表 6.6　以三次产业占比为门槛的产业结构合理化影响雾霾污染的估计结果

门槛变量	第一产业占比（IS1）	第二产业占比（IS2）	第三产业占比（IS3）
lnISR（区间一）	0.0059 （0.045）	− 0.0940 * （0.075）	0.0589 （0.058）

续表

门槛变量	第一产业占比（IS1）	第二产业占比（IS2）	第三产业占比（IS3）
lnISR（区间二）	0.2650 *** (0.062)	0.0105 (0.048)	-0.0374 (0.047)
lnISR（区间三）	-0.1041 ** (0.046)		
ln$Agdp$	-0.1477 (0.080)	0.1016 (0.075)	0.1162 (0.075)
ln$Apop$	0.0912 (0.047)	0.1375 *** (0.049)	0.1396 *** (0.050)
ln$OPEN$	0.1970 *** (0.020)	0.1983 *** (0.021)	0.1740 *** (0.0216)
lnNR	-0.1552 (0.028)	-0.1402 (0.030)	-0.1345 (0.030)
lnCIT	0.0683 (0.080)	0.0633 (0.086)	0.0839 (0.087)
lnENE	0.2941 *** (0.078)	0.1729 ** (0.084)	0.1993 ** (0.084)
常数项	1.0914 ** (0.927)	-0.8092 (0.9480)	-1.4157 (0.9418)

注：*** 、** 、* 分别表示在1%、5%、10%的水平下显著，括号内为标准差。

第二产业占比变化对产业结构合理化减霾效应具有单门槛影响，当第二产业占比低于门槛值时，即当其小于31.810%时，产业结构合理化具有显著的减霾效应，每当合理化程度提高1%，中国雾霾污染会减少0.094%；而当第二产业占比进一步提高时，产业结构合理化的减霾效应转化为增霾效应，且不显著。这印证了第4章的观点，处于工业化中后期或后期时，科技创新成为经济增长的关键因素，产业结构合理化能够提升资源配置效率，从而减少本地的雾霾污染程度；而处于工业化初期、中初期时，科技发展水平较低，高生产率产业对于劳动力等生产要素的承载力较低，产业结构合理化提升资源配置效率的能力有限，减霾效应不显著。

第三产业占比变化对产业结构合理化减霾效应具有单门槛影响，当第三产业占比增多越过门槛值37.9%时，产业结构合理化影响雾霾系数由正向不显著转化为负向不显著。资源依赖会扭曲当地产业结构合理化程度，同时，科技进步尽管是产业结构合理化的根本动力（刘克逸，1995），也可能会造成产业结构合理化过程中的雾霾污染回弹效应。这一部分内容将在本章第6.2节中继续验证。

2008～2018年，我国产业结构总体呈现"二三一"向"三二一"的演变趋势。由于我国第一产业发展较为平稳，若只考虑第二产业和第三产业的变动，可以估计为当我国从工业化中初期阶段（第二产业为区间二）演变为工业化中后期阶段时（第二产业为区间一），我国的产业结构合理化对雾霾污染减霾效应转化为不显著。

在其他控制变量中：（1）人口密度对雾霾污染增排效应显著。人口密度的增加对雾霾污染的影响主要体现在规模效应和集聚效应两个方面（邵帅等，2016）。在规模效应方面，人口的高密度会大量提高居民的住房、家电、出行等需求，在这个过程中会加剧雾霾污染的程度，同时人口的密集会导致交通效率的下降，也从侧面影响了雾霾污染；在集聚效应方面，其正外部性尚未完全发挥，人口的高密度会提高公共资源分摊率等正向因素。从本章的研究结果来看，相对于规模效益，集聚效应的影响较小，中国在建造城市群的时候需要从发挥集聚效应的正外部性角度出发，用以减少规模效益对环境的影响。（2）对外开放度的提高会显著增加雾霾污染，雾霾污染的"污染避难所"假说在产业结构调整影响雾霾污染的门槛模型中成立。（3）能源消费会增加雾霾污染，这与大多数学者的研究结果一致（魏巍贤和马喜立，2015）。

6.1.6 各门槛值区间内省份、地级市数目变化[①]

6.1.6.1 省级层面

产业结构高级化影响雾霾污染可以分为两个阶段[②]（第一阶段：第一产业占比高于 14.261%；第二阶段：第一产业占比小于 14.261%），如表 6.7 所示。广西和海南比较特殊，一直处于第一阶段，第一产业占比相对于其他地区较高，产业结构高级化可以减少当地雾霾污染程度。2008~2013 年，甘肃、宁夏、四川、吉林、云南、贵州、湖南、湖北、江西、安徽、河南的第一产业占比由第一阶段下降至第二阶段，进入工业化中后期阶段，产业结构高级化减霾系数转化为不显著；而黑龙江第一产业占比迈过门槛值，产业结构高级化减霾系数显著，这是由于黑龙江实施了农业经济发展战略。2013~2018 年，新疆第一产业占比下降，产业结构高级化减霾效应转化为不显著。对于第一产业较为发达的地区可以更多引进生产性服务业，减少当地的雾霾污染。

表 6.7　　根据门槛范围划定产业结构合理化影响雾霾污染的效应方向

门槛区间	$IS1 \leqslant 1.231\%$	$1.231\% < IS1 \leqslant 3.736\%$	$IS1 > 3.736\%$
$IS2 \leqslant 31.810$	减霾效应显著	既有增霾效应又有减霾效应	减霾效应显著
$IS2 > 31.810$	无显著效应	增霾效应显著	减霾效应显著

---

　① 与第 4 章分析不同的是，此处将应用门槛值对各省份进行划分，分析产业结构调整影响雾霾污染阶段作用下样本数量的变化，并未考虑到溢出效应。与第 4 章相互补充，为"治霾"政策提供更为精确的参考。

　② 由于版权等原因，在本书中所涉及的地图已被删除。如需要地图等图片，请联系笔者获取。

2008～2013年，上海产业结构合理化对雾霾污染影响不显著转化为减霾效应显著；而天津在2008～2013年，产业结构合理化对雾霾污染起着增排的效应，到2018年时，这种效应转变为不显著，这是由于早期天津工业产值占比较高，污染程度较大的重工业内的资源合理化配置可能会引起更多的能源被消耗，导致污染进一步增加（薛澜等，2011）；在浙江，产业结构合理化减霾效应在2008～2013年一直为显著，到2018年转变为增排效应，这是由于产业结构合理化过程中异质性科技创新导致雾霾污染回弹，这一部分将在第6.2节中进行探讨；其余地区在2008～2013年，产业结构合理化能够显著降低雾霾污染，这和大多数学者的研究结论一致（刘亚清等，2017）[1]。

6.1.6.2 地级市层面

将地级市样本依据门槛值，划分到不同的区间内，分析不同区间内城市数目变化，进一步探究城市层面上，产业结构雾霾污染效应的发展规律。从表6.8中可以看到，2008年、2013年和2018年三个截面，产业结构调整对雾霾污染不同效应的城市数目变化。

表6.8 　　　　　　　　　　门槛内城市数目变化统计　　　　　　　单位：个

核心变量	2008年				2013年				2018年			
	东部	中部	西部	合计	东部	中部	西部	合计	东部	中部	西部	合计
产业结构高级化减霾效应显著（$IS1 > 14.261\%$）	29	55	38	122	22	46	23	91	18	29	24	71
产业结构高级化无显著效应（$IS1 \leq 14.261\%$）	70	45	14	129	77	54	23	154	81	71	28	180
产业结构合理化减霾效应显著	96	91	50	237	81	93	48	222	74	89	45	208

① 在未考虑空间关联时，东部地区产业结构合理化可以显著减少雾霾污染，这证实了第4章基准回归模型的结果。

核心变量	2008 年				2013 年				2018 年			
	东部	中部	西部	合计	东部	中部	西部	合计	东部	中部	西部	合计
产业结构合理化增霾效应显著		8	2	10	12	6	2	20	16	9	5	30
作用显著但方向不确定					1	1	1	3			1	1
产业结构合理化无显著效应	3	1		4	5		1	6	9	2	1	12

产业结构高级化减少雾霾污染的城市数量逐年减少，从 2008 年的 122 个减少到 2013 年的 91 个，然后是 2018 年的 71 个城市，这是由于除个别地区外，大部分地区的第一产业规模缩小导致。相比东部和中部地区，西部地区更应该通过采取产业结构高级化的政策来减少当地的雾霾污染，结合第 4 章的结论，可以发现，整体上看西部地区产业结构高级化增霾效应不显著，可能就是由于综合了部分第一产业较为发达地区的产业结构高级化的减霾效应。

产业结构合理化减少雾霾污染的城市比较均衡，从总体上来看，大部分地区产业结构合理化都具有显著的减霾效应。与此同时，在东部、中部、西部地区，都出现了产业结构合理化引起雾霾污染反弹现象的城市，这可能是科技创新等原因带来的，在第 4 章中，西部地区产业结构减霾效应不显著，在第 5 章中，2008 年产业关联下产业结构合理化对雾霾污染就呈现出正向影响，有可能城市产业结构合理化减霾效应的不显著是由雾霾污染回弹效应造成的。

上述分析表明，在不同城市，应该通过不同的产业结构调整政策应对雾霾污染，在大部分城市中，相比产业结构高级化政策，实施产业结构合理化的相关政策能够更显著地降低雾霾污染，但是也要注意产业结构合理化引起雾霾污染增加的情况的出现，产业结构高级化则没有这一项"副作用"。

6.2 产业结构调整对雾霾污染的回弹效应分析

第 6.1 节通过理论和实证分析了产业结构调整对雾霾污染具有非线性特征，并对其非线性特征基于省域层面和城市层面进行了形态上的刻画。但是可以看出，随着我国工业化进程加速，产业结构高级化和合理化都在一定程度上引起了雾霾污染的回弹效应。由图 6.1 可以看出，产业结构高级化程度和产业结构合理化程度（除 2017 年外）都是逐年上升的，尽管大体上雾霾污染随着产业结构的优化而减少，但是雾霾污染却在 2010~2011 年、2012~2013 年发生了回弹现象。因此，产业结构优化并不总是朝着促进雾霾污染减少的方向发展，产业结构优化过程中出现的雾霾污染回弹效应的大小将直接影响产业结构调整对雾霾污染减排的最终作用效果。目前较少有学者对产业结构调整引起雾霾污染的回弹现象的原因和机理进行研究。

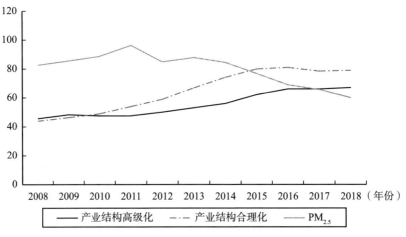

图 6.1 产业结构高级化、产业结构合理化与雾霾污染的趋势

注：为方便看清变化趋势，产业结构高级化指数放大了 50 倍，产业结构合理化指数放大了 1000 倍，雾霾污染浓度放大了 2 倍。

尽管经济发展过程中工业化趋势呈现出完整的"U"型，根据钱纳里的"标准结构"理论，资源禀赋会影响工业化进程的时长和弧度，根据罗斯托的主导产业理论，科技进步则是影响产业结构的直接动力。因此本节将对阶段性产业结构调整引起雾霾污染增加的作用机制进行进一步探究，为制定产业结构调整配套政策提供理论依据。

6.2.1 影响机制分析

产业结构在很大程度上受地区的自然资源禀赋影响（孙永平和叶初升，2012）。对资源丰富的地区尤其如此，在这些地区，资源密集型产业通常是当地的支柱产业（薛雅伟等，2019），而资源密集型产业往往都是高污染高排放产业（李素峰等，2015）。这种"经济中的主导产业"是通过市场形成的，各种产业在内部经济体系中发生了某种自发性、内生性和理性的相互竞争、相互作用。在 20 世纪末期，许多资源丰富的国家陷入了经济衰退。大量研究表明，自然资源部门凭借其比较优势，吸引了物质资本和人力资本的投资，阻碍产业结构优化，对产业结构优化产生了挤压效应（Gylfason and Zoega G，2006）。邵和杨（Shao and Yang，2014）对自然资源的依赖程度进行了衡量，并发现丰富的自然资源本身通常对经济有积极的影响，但资源丰富的地区更容易走上资源依赖型的发展道路，过度依赖资源是"资源诅咒"的根源[①]。资源丰富地区对资源的依赖会阻碍当地产业的多元化发展，从而扭曲产业结构优化，导致资源依赖影响产业结构转型的减霾效果，甚至存在将减霾效果扭曲为增霾效果的可能。因此本章认为，资源依赖可能会扭曲产业结构转型的减排效果。

---

① 资源诅咒，又被称作"富足的矛盾"，是指自然资源丰富的国家（不可再生的天然资源，如化石燃料和某些矿物质）比那些自然资源较少的国家经济增长慢，容易陷入工业化低落、产业难以转型、过度依赖单一经济结构的窘境（Auty and Warhurst，1993）。

同时，澳大利亚、智利和挪威等资源依赖性国家的成功案例表明，"资源诅咒"并不是一个普遍规律（Li et al.，2019），这是因为产业结构转型还受如科技进步等因素的影响（Wang et al.，2019）。科技创新是产业结构调整的基础和路径，是推动产业结构升级的直接动力（周叔莲和王伟光，2001）。科技创新通过对需求结构的刺激和供给结构的改变，促使产业结构优化和升级；从需求角度看，科技创新使生产数量和结构发生改变；从供给角度看，科技创新改变了各个要素的分配，使各产业产出发生变化，进而使整个产业结构发生相应的变化（Hoffmann，1931；Teece，1996）。雷蒙德（Raymond，1966）提出了"产品生命周期理论"，认为产业结构优化的原因在于科技的不断进步和成熟。丛林（2000）认为，只有通过科技进步才能调整中国的产业结构。李健和徐海成（2011）运用 VAR 模型对科技创新和技术效率对产业结构调整的动态效应进行分析，发现科技创新是优化产业结构的根本途径。作为产业结构优化的重要影响因素，科技进步能够使区域经济从资源、劳动密集型产业主导转变为技术密集型产业主导，提高能源效率，显著提高产业结构调整的污染减排效应（Baldwin et al.，2005；Zhu et al.，2020；Zhang et al.，2020）。尽管科技创新使减少环境污染成为可能，但是部分学者发现科技创新也会造成一定回弹效应（Khazzoom，1980）。学者们认为，科技创新可以提高单个产品的能源利用效率，但是在产业结构转型过程中，科技创新可能会增加能源需求（Brookes，1990）。部分学者认为，这部分能源需求的增加可能会抵消能源强度的降低（Dimitropoulou，2007；Cheng et al.，2018），从而会减弱产业结构转型的污染减排效应，甚至会将产业结构转型的减排效应扭曲为产业结构增排效应。

科技进步可以分为两种类型：（1）节能技术。节能技术可以帮助减少能源消费，但是也可能会导致能耗和污染物的排放增加，这称为回弹效应。高效的能源技术可以使消费者和生产者以较低的成本获得相同数量的能源服务，减轻消费者的财务压力，导致更多的能源消耗（Wang et al.，2019）。哈齐姆

（Khazzom，1980）从微观角度构建了基于新古典经济学的理论模型，并认为随着科技创新，能源效率将得到提高，但是能源需求并不一定会下降。因此，节能技术的发展可以提高能源效率，但可能无法降低能耗和抑制雾霾污染排放。因此本章认为节能技术会提高产业结构调整的增霾效应。（2）环境技术。环境技术是指在产品研究、过程设计、材料选择、废物处理、产品销售和产品消耗中进行技术创新，以减少生产过程对环境的影响；包括可再生能源、新能源技术和其他低碳技术。环境技术的应用包括可生物降解的塑料、太阳能光伏、空气净化器、水净化器等（Wang et al.，2019）。环境技术具有保护环境和允许绿色发展的本质属性，因此高效的环境技术将不可避免地抑制产业结构转型过程中的污染排放；同时，环境技术的进步也可能会破坏生态自身的调节能力而增加雾霾污染。因此本章认为环境技术对产业结构减霾效应的影响不确定。

6.2.2 模型设定与变量说明

本节在汉森（Hansen，1999）门槛模型的基础上，进一步探究资源依赖、技术创新对产业结构减霾效应的影响机制。首先将 STIRPAT 模型进行拓展，以此作为基准模型。在本章研究中，以 $PM_{2.5}$ 浓度作为环境压力对象。在本章中，使用产业结构高级化（ISO）和产业结构合理化（ISR）分别作为技术代理变量，用以研究产业结构转型的碳减排效应。基于面板数据的基准模型可以被推导出来，如下所示：

$$\ln PM_{it} = a_0 + a_1 \ln Pop_{it} + a_2 \ln GDP_{it} + a_3 \ln ISO_{it} + c_4 \ln ISR_{it} + e_{it} \quad (6.11)$$

由于资源依赖是影响产业结构转型碳减排效应的重要影响因素，因此在基准模型中引入"资源依赖"（R）作为交叉项。

$$\ln PM_{it} = b_0 + b_1 \ln Pop_{it} + b_2 \ln GDP_{it} + b_3 \ln ISO_{it} + b_4 \ln ISR_{it} + b_5 R \times \ln ISO_{it} + e_{it}$$

$$(6.12)$$

$$\ln PM_{it} = c_0 + c_1 \ln Pop_{it} + c_2 \ln GDP_{it} + c_3 \ln ISO_{it} + c_4 \ln ISR_{it} + c_5 R \times \ln ISR_{it} + \varepsilon_{it}$$

$$(6.13)$$

由于，资源依赖下产业结构转型的减排效果在科技发展的不同阶段存在差异，因此，本章研究通过科技发展（INV）作为门槛变量，使用汉森（1999）面板阈值模型扩展模型（6.12）和模型（6.13）。阈值模型仅仅估计每个组内源参数，提高了估计的准确性，其具体模型如下：

$$\ln PM_{it} = b_0 + b_1 \ln Pop_{it} + b_2 \ln GDP_{it} + b_3 \ln ISO_{it} + b_4 \ln ISR_{it} + b_5 (R$$
$$\times \ln ISO_{it}) I(INV \leqslant r) + b_6 (R \times \ln ISO_{it}) I(INV > r) + e_{it} \qquad (6.14)$$

$$\ln PM_{it} = c_0 + c_1 \ln Pop_{it} + c_2 \ln GDP_{it} + c_3 \ln ISO_{it} + c_4 \ln ISR_{it} + c_5 (R$$
$$\times \ln ISR_{it}) I(INV \leqslant r) + c_6 (R \times \ln ISR_{it}) I(INV > r) + \varepsilon_{it} \qquad (6.15)$$

这里 $I(\cdot)$ 是指示函数，显示由阈值变量 INV 和门槛值 r、r' 的关系，当满足括号中的阈值条件时，该值为 1，否则为 0。模型（6.14）和模型（6.15）可以分别测量科技发展的不同阶段对资源依赖下产业结构雾霾减排效应的扭曲作用。上述模型只假设有一个阈值，即门槛变量对资源依赖下产业结构雾霾减排效应的影响将被划分为两种不同的机制。但是也可能出现多阈值的情况，假设双阈值的情况下阈值为 $r_1 < r_2$，$r_1' < r_2'$，即此时存在三种影响机制，模型可以被修改为：

$$\ln PM_{it} = d_0 + d_1 \ln Pop_{it} + d_2 \ln GDP_{it} + d_3 \ln ISO_{it} + d_4 \ln ISR_{it} + d_5 (R$$
$$\times \ln ISO_{it}) I(INV \leqslant r_1) + d_6 (R \times \ln ISO_{it}) I(r_1 < INV \leqslant r_2)$$
$$+ d_7 (R \times \ln ISO_{it}) I(INV > r_2) + v_{it} \qquad (6.16)$$

$$\ln PM_{it} = f_0 + f_1 \ln Pop_{it} + f_2 \ln GDP_{it} + f_3 \ln ISO_{it} + f_4 \ln ISR_{it} + f_5 (R$$
$$\times \ln ISR_{it}) I(INV \leqslant r_1') + f_6 (R \times \ln ISR_{it}) I(r_1' < INV \leqslant r_2')$$
$$+ f_7 (R \times \ln ISR_{it}) I(INV > r_2') + w_{it} \qquad (6.17)$$

若要进一步探讨科技发展对产业结构转型的雾霾污染效应，应该以节能技术（EP）和环保技术（ES）构建阈值模型，以分析科技进步影响资源依赖下产业结构转型的雾霾污染减排效应的具体作用机理，这里给出单阈值模型，多阈值模型类似于单阈值模型（模型中 IS 表示产业结构合理化变量或产业结构高级化变量，r_3 和 r_3' 为阈值）。

$$\ln PM_{it} = h_0 + h_1 \ln Pop_{it} + h_2 \ln GDP_{it} + h_3 \ln ISO_{it} + h_4 \ln ISR_{it} + h_5(R$$
$$\times \ln IS)I(ES_{it} \leqslant r_3) + h_6(R \times \ln IS)I(ES_{it} > r_3) + \xi_{it} \quad (6.18)$$

$$\ln PM_{it} = j_0 + j_1 \ln Pop_{it} + j_2 \ln GDP_{it} + j_3 \ln ISO_{it} + j_3 \ln ISR_{it} + j_4(R$$
$$\times \ln IS)I(EP_{it} \leqslant r_3') + j_5(R \times \ln IS)I(EP_{it} > r_3') + \eta_{it} \quad (6.19)$$

其中，PM_{it} 为被解释变量，本章设定为中国雾霾污染值，Pop_{it} 为区域 i 在 t 时期的人口密度，GDP_{it} 为区域 i 在 t 时期的人均国内生产总值，ISO_{it} 为区域 i 在 t 时期的产业结构高级化指数，ISR_{it}，为区域 i 在 t 时期的产业结构合理化指数，INV 为区域 i 在 t 时期的科技进步程度，参考卢茨等（Lutz et al.，2005）和王等（Wang et al.，2017），使用 R&D 经费内部支出占 GDP 的比例；ES 为区域 i 在 t 时期节能技术的有效性，参考王等（2019）用单位地区生产总值的能耗表示；EP 为区域 i 在 t 时期环境技术的有效性，参考张和李（Zhang and Li，2015）用单位地区生产总值所产生的雾霾污染衡量；e_{it}、ε_{it}、w_{it}、v_{it}、ξ_{it} 和 η_{it} 为误差项，其余为待估系数和常数项。R 为各地区的资源依赖程度，参考原毅军和谢荣辉（2014）选用农林牧渔业和采掘业的固定资产投资之和占全社会固定资产投资总额的比重以最大限度地反映各省份自然资源状况。

在门槛模型中所有残差平方和最小时可以获得最优门槛值，对于是否存在门槛效应，检验原假设：$H_0: \beta_1 = \beta$，若原假设成立，则表示门槛效应不存在，r 取任何值对模型都不具有影响。若原假设被拒绝，则有：$H_1: \beta_1 \neq \beta$，则门槛效应存在。

2009 ~ 2019 年覆盖中国 30 个省份（不包括香港、澳门、台湾、西藏）的面板数据来自《中国统计年鉴》《中国工业统计年鉴》。

6.2.3 资源依赖对产业结构调整雾霾效应的影响

6.2.3.1 面板数据检验

面板数据和时间序列数据建模前要先对数据的平稳性和共线性进行检验，非平稳和共线性数据容易产生伪回归的结果。检验结果如表 6.9 所示。面板数据通过了平稳性检验，均呈现出显著状态；同时可以看出核心解释变量和所有控制变量的方差膨胀因子（VIF）的值均在（0，10）范围内，且远低于10，说明变量之间不存在多重共线性，表明所使用的计量模型结果较为准确。

表 6.9   **面板数据检验**

取对数后变量	LLC 检验	VIF
$\ln PM$	−14.024 ***	
$\ln ISO$	−11.411 ***	2.54
$\ln ISR$	−12.599 ***	2.15
$R \times \ln ISO$	−8.084 ***	2.02
$R \times \ln ISR$	−6.480 *	1.22
$\ln Pop$	−8.034 ***	1.22
$\ln GDP$	−6.862 ***	1.97
Mean VIF		1.86

注：*** 和 * 分别表示在 1% 和 10% 的水平下显著。

6.2.3.2 基本面板模型

根据基准模型（6.11）、模型（6.12）、模型（6.13），研究资源依赖对产业结构减霾效应的扭曲程度。估计结果如表 6.10 所示。

表 6.10   **基本面板模型的回归结果**

解释变量	模型 (6.11)	模型 (6.12)	模型 (6.13)
lnPop	0.0109 (0.828)	0.0011 (0.049)	0.0175 (0.052)
lnGDP	−0.1386 *** (0.030)	−0.1158 *** (0.030)	−0.1430 *** (0.031)
lnISO	−0.3913 *** (0.047)	−0.6654 *** (0.068)	
lnISR	−0.0828 *** (0.028)		−0.0718 ** (0.030)
$R \times$lnISO		2.880 *** (0.519)	
$R \times$lnISR			0.1579 (0.280)
常数项	4.8211 *** (0.479)	4.7370 *** (0.461)	4.8386 *** (0.486)

注: *** 和 ** 分别表示在 1% 和 5% 的水平下显著。

从表 6.10 可以看出,模型 (6.11) 的结果表明,产业结构高级化、合理化均能够显著地降低雾霾污染,产业结构高级化程度每提高 1%,雾霾污染就会显著下降 0.3913%,而产业结构合理化程度每提高 1%,雾霾污染就会下降 0.0828%,而在将"对资源的依赖性"作为交叉项引入模型 (6.12) 和模型 (6.13) 中后,可以发现产业结构高级化的系数为 0.2880,即产业结构高级化程度每提高 1%,雾霾污染反而会增加 0.2880%,产业结构合理化的系数转变 0.1579。说明资源依赖对产业结构调整减排效应有较大的影响。

人口对雾霾污染具有着显著的促进作用,人口密度对雾霾污染的影响主要有规模效应和集聚效应 (邵帅等,2016)。在这里表现为规模效应,因此需要进一步发挥人口密度的正外部性,即集聚效应,有效"缓冲"集聚对污染排放的规模效应。

与此同时，可以看出经济发展可以减少雾霾污染，经典的 EKC 假说指出，在经济发展的过程中污染先增加后减小，证明 2008 年已经越过了该"U"型曲线的拐点值，经济增长能够降低雾霾污染。

6.2.4 科技创新对资源依赖下产业结构调整雾霾污染效应分析

6.2.4.1 产业结构高级化的门槛模型

在建立门槛模型之前，使用似然比（LR）统计数据来测试以资源依赖下产业结构高级化为核心解释变量，科技创新为门槛变量的门槛效应的显著性，检验科技创新是否对产业结构减霾效应有显著影响。若存在影响，则应根据模型是否具有双重影响机制或三重影响机制的顺序原则进一步确定门槛的数量。

由表 6.11 可以看出资源依赖下产业结构高级化减霾效应在科技进步的作用下存在双重门槛效应，即存在三个阶段的作用机制。

表 6.11   产业结构高级化门槛检验

假设	F 统计量	1%	5%	10%	门槛值
H₀：无门槛；H₁：单重门槛	19.07**	20.963	16.631	14.650	10.7804
H₀：单重门槛；H₁：双重门槛	16.5*	31.801	19.727	15.792	10.7804，11.5198
H₀：双重门槛；H₁：三重门槛	无收敛				

注：（1）临界值基于 Bootstrap 方法，其中迭代次数为 300；（2） **、* 分别表示在 5% 和 10% 的水平下显著；（3）门槛值中科技创新指数中，科技投入单位为万元，GDP 单位为亿元。

当以资源依赖下产业结构高级化为核心解释变量时,第一门槛值为
10.7804,其置信区间为 [10.4103,17.7253],第二门槛值为 11.5198,其
置信区间为 [10.4103,17.7253]。根据门槛值,构建以资源依赖下产业结构
高级化为核心解释变量的双重门槛(三重作用机制)模型如下:

$$\ln PM_{it} = h_0 + h_1 \ln Pop_{it} + h_2 \ln GDP_{it} + h_3 \ln ISO_{it} + h_4 \ln ISR_{it}$$
$$+ h_5 (R \times \ln ISO_{it}) I(INV \leqslant 10.7804) + h_6 (R \times \ln ISO_{it}) I(10.7804$$
$$< INV \leqslant 11.5198) + h_7 (R \times \ln ISO_{it}) I(INV > 11.5198) + \varepsilon_{it}$$

$$(6.20)$$

根据模型(6.20),对门槛参数进行估计,结果如表 6.12 所示。

表 6.12 产业结构高级化门槛模型回归估计结果

解释变量	系数	解释变量	系数
$\ln POP$	0.0112 (0.047)	$(R \times \ln ISO_{it}) \times I(INV \leqslant 10.7804)$	2.8054 *** (0.544)
$\ln GDP$	-0.1161 *** (0.028)	$(R \times \ln ISO_{it}) \times I(10.7804$ $< INV \leqslant 11.5198)$	-1.2543 (0.9679)
$\ln ISO$	-0.7072 *** (0.066)	$(R \times \ln ISO_{it}) \times I(INV > 11.5198)$	4.5130 *** (0.6329)
$\ln ISR$	-0.0293 (0.027)		

注:标准误差显示在括号中; *** 表示在 1% 的水平下显著。

表 6.12 结果展示了在以资源依赖下产业结构高级化为核心解释变量时,
在科技进步的影响下,资源依赖下产业结构高级化对雾霾的影响是先显著增
加,后减小,再显著增加的三阶段"N"型特征。当科技创新发展指数小于
10.7804 时,资源依赖下产业结构高级化程度每提高 1%,中国雾霾污染增加
2.8054%,且在 1% 的水平下显著;当科技创新发展指数小于 11.5198 而高于

10.7804 时，资源依赖下产业结构高级化程度每提高 1%，则中国雾霾污染减少 1.2543%，但不显著；当科技创新发展指数高于 11.5198 时，资源依赖下产业结构高级化程度每提高 1%，则中国雾霾污染增加 4.5130%。在科技发展指数处于较低水平时，由于资源依赖对产业结构高级化减霾效应的扭曲，产业结构高级化对雾霾污染有着显著的增排效应；随着科技进一步发展，资源依赖下产业结构高级化的增霾效应转化为减霾效应，但呈现出不显著的状态，说明科技进步对产业结构高级化减霾效应并未产生预期的效果，这可能是由于科技进步抵消了部分资源依赖对产业结构高级化减霾效应的扭曲作用，但是显然抵消得不够显著；当科技创新指数越过第二个门槛值，发展到第三个阶段时，资源依赖下产业结构高级化减霾效应转化为显著的增霾效应，由于科技创新存在异质性的特征，主要可以分为环境技术创新和节能技术创新。环境技术创新不仅可以提高生产效率，同时还可以进一步减少环境污染，但是随着环境技术的进步，环境调节的作用将被削弱，这可能导致产业结构高级化减霾效应的弱化；在节能技术方面，由于节能技术的发展可以提高能源效率，但可能无法降低能耗和抑制雾霾污染排放，这表明节能技术可以导致产业结构转型过程中能源需求增加，并刺激雾霾污染的增加。这些内容将在后面进一步探讨。

6.2.4.2　产业结构合理化的门槛模型

在建立门槛模型之前，使用似然比（LR）统计数据来测试以资源依赖下产业结构合理化为核心变量，科技创新为门槛变量的门槛效应的显著性，检验科技创新是否对产业结构合理化减霾效应有显著影响。若存在影响，则应根据模型是否具有双重影响机制或三重影响机制的顺序原则进一步确定门槛的数量。

由表 6.13 可以看出，资源依赖下产业结构合理化减霾效应在科技进步的作用下存在单重门槛效应，即存在两个阶段的作用机制。当以资源依赖下产业结构高级化为核心解释变量时，门槛值为 19.1646。根据门槛值，构建以资源依赖下产业结构合理化为核心变量的单重门槛（双重作用机制）模型如下：

$$\ln PM_{it} = h_0 + h_1 \ln Pop_{it} + h_2 \ln GDP_{it} + h_3 \ln ISO_{it} + h_4 \ln ISR_{it} + h_5 (R$$
$$\times \ln ISR_{it}) I(INV \leqslant 19.1646) + h_6 (R \times \ln ISR_{it}) I(INV$$
$$> 19.1646) + \varepsilon_{it} \tag{6.21}$$

根据模型（6.21），对门槛参数进行估计，结果如表 6.14 所示。

表 6.13　　　　　　　　　　产业结构合理化门槛检验

假设	F 统计量	1%	5%	10%	门槛值
H_0：无门槛； H_1：单重门槛	13.65 *	18.758	15.620	13.201	19.1646
H_0：单重门槛； H_1：双重门槛	无收敛				

注：（1）临界值基于 Bootstrap 方法，其中迭代次数为 300；（2）＊表示在 10% 的水平下显著；
（3）门槛值中科技创新指数中，科技投入单位为万元，GDP 单位为亿元。

表 6.14　　　　　　　　　　产业结构合理化门槛模型回归估计结果

解释变量	系数	解释变量	系数
$\ln POP$	−0.0184 (0.052)	$\ln ISR$	−0.0628 ** (0.031)
$\ln GDP$	−0.1296 *** (0.031)	$(R \times \ln ISR_{it}) \times I(INV \leqslant 19.1646)$	−0.5641 * (0.291)
$\ln ISO$	−0.3941 *** (0.047)	$(R \times \ln ISR_{it}) \times I(INV > 19.1646)$	0.4321 (0.353)

注：标准误差显示在括号中；＊、＊＊和＊＊＊分别表示在 10%、5% 和 1% 的水平下显著。

　　表 6.14 结果展示了在以资源依赖下产业结构合理化为核心变量，科技创新为门槛变量的模型中，在科技进步的影响下，资源依赖下产业结构合理化对雾霾的影响是先减少后增加，呈现出倒"U"型特征。当科技创新发展指数小于 19.1646 时，资源依赖下产业结构合理化程度每提高 1%，中国雾霾污染显著减少 0.5641%；当科技创新进一步发展，其发展指数大于 19.1646 时，资源依赖下产业结构合理化程度每提高 1%，中国雾霾污染增加 0.4321%，但不显著。在科技发展指数处于较低水平时，科技创新能够促进产业结构合理化的减霾效应，抵消了资源依赖对产业结构合理化减霾效应的扭曲，随着科技进一步发展到第二阶段时，资源依赖下产业结构高级化的减霾效应转化为增霾效应，但呈现出不显著的状态，这可能是由于科技进步中环保技术和节能技术、资源依赖对产业结构合理化减霾效应的扭曲作用所造成的，导致初期科技创新对产业结构合理化减霾效应的促进作用被抵消。关于异质性科技创新对产业结构合理化减霾效应的影响机制将在后面进一步探讨。

6.2.4.3 异质性科技创新对资源依赖下产业结构高级化影响雾霾污染扭曲效应的作用机制

　　基于前面的分析结果可以发现，资源依赖下产业结构高级化对雾霾污染的影响由正向转化为负向，再转化为正向，呈正"N"型。节能技术和环境技术对产业结构合理化减霾效应的作用差异是否是造成扭曲效应的原因需要本章研究进一步分析。为了解决这个问题，本章研究用节能技术（ES）和环保技术（EP）分别代替科技进步（INV），同时模型（5.17）和模型（5.18）中的产业结构指标（IS）用产业结构高级化表示（ISO），构建两个阈值模型，其中阈值变量分别为节能技术和环境技术。在建立门槛模型之前，分别使用似然比（LR）统计数据来测试以资源依赖下产业结构高级化为核心解释变量，节能技术和环保技术为门槛变量的门槛效应的显著性，分别检验节能技术和环保技术是否对产业结构高级化减霾效应有显著影响。若存在影响，则应根据模型是否具有双重影响机制或三重影响机制的顺序原则进一步确定门槛的数量。

首先，以节能技术作为门槛变量，检验其对产业结构高级化减霾效应的作用效果，结果如表 6.15 所示。

表 6.15　　　　　　　　　　节能技术门槛效应检验结果

假设	F 统计量	1%	5%	10%	门槛值
H_0：无门槛； H_1：单门槛	28.78 **	28.100	20.695	17.416	0.7809
H_0：单门槛； H_1：双重门槛	无收敛				

注：（1）临界值基于 bootstrap 方法，其中迭代次数为 300；（2）** 表示在 5% 的水平下显著。

表 6.15 显示，当节能技术作为门槛变量时，资源依赖下产业结构高级化作为核心变量的面板门槛模型通过了门槛检验，存在单重门槛效应。结果发现，节能技术的单重门槛模型检验在 5% 的水平下显著，应将整个样本分为单重门槛值的两个子面板，门槛值为 0.7809。

其次，以环保技术作为门槛变量，检验其对产业结构高级化减霾效应的作用效果，结果如表 6.16 所示。

表 6.16　　　　　　　　　　环保技术门槛效应检验结果

假设	F 统计量	1%	5%	10%	门槛值
H_0：无门槛； H_1：单门槛	19.40 **	25.005	17.367	14.993	0.1895

假设	F 统计量	1%	5%	10%	门槛值
H_0：单门槛； H_1：双重门槛	无收敛				

注：（1）临界值基于 bootstrap 方法，其中迭代次数为 300；（2）** 表示在 5% 的水平下显著。

表 6.16 显示，当环保技术作为门槛变量时，资源依赖下产业结构高级化作为核心变量的面板门槛模型通过了门槛检验，存在单重门槛效应。结果发现，环保技术的单重门槛模型检验在 5% 的水平下显著，应将整个样本分为单重门槛值的两个子面板，门槛值为 0.1895。

分别根据节能技术和环保技术的门槛值，构建以资源依赖下产业结构高级化为核心解释变量的单重门槛（双重作用机制）的模型如下：

$$
\ln PM_{it} = h_0 + h_1 \ln Pop_{it} + h_2 \ln GDP_{it} + h_3 \ln ISO_{it} + h_4 \ln ISR_{it} + h_5 (R \\
\times \ln ISO_{it}) I(ES \leqslant 0.7809) + h_6 (R \times \ln ISO_{it}) I(ES \\
> 0.7809) + \varepsilon_{it} \tag{6.22}
$$

$$
\ln PM_{it} = f_0 + f_1 \ln Pop_{it} + f_2 \ln GDP_{it} + f_3 \ln ISO_{it} + f_4 \ln ISR_{it} + f_5 (R \\
\times \ln ISO_{it}) I(EP \leqslant 0.1895) + f_6 (R \times \ln ISO_{it}) I(EP \\
> 0.1895) + \varepsilon_{it} \tag{6.23}
$$

根据模型（6.22）和模型（6.23），分别对以节能技术和环保技术为门槛变量，以对资源依赖下产业结构高级化为核心解释变量的门槛模型参数进行估计。

以节能技术为门槛变量的门槛模型参数估计如表 6.17 所示。以节能技术为门槛变量时，即当节能技术发展指数高于 0.7809 时，资源依赖下产业结构高级化系数为 −2.4757，即产业结构高级化程度每提高 1%，中国雾霾污染减少 2.4757%；当节能技术发展指数低于 0.7809 时，资源依赖下产业结构高级化系数转变为 2.504，即当产业结构高级化程度每提高 1%，中国雾霾污染增加 2.504%。可以发现，当节能技术由第一阶段发展为第二阶段时，资源依赖下产业结构高级化影响雾霾污染排放系数由负转变为正，即由减排转变为增排。即在节能技术发展的第一阶段时，产业结构高级化可以抵消资源依赖带来的扭曲作用，显著地减少雾霾污染，然而当节能技术发展进入第二阶段时，产业结构高级化的减霾作用减弱，加上资源依赖对其的扭曲作用，导致资源依赖下产业结构高级化的雾霾减排作用转变为显著的雾霾增排作用，这种现象可能与能源成本有关，由于节能技术水平提高，能源成本降低；因此，在产业结构高级化过程中，服务业占比增加，其中机动车和餐饮业对能源消耗增多（齐园和张永安，2015），导致雾霾污染也将随之上升。此外，生产要素取代也可能增加能量消耗，增加雾霾污染浓度。因此在减少雾霾污染的目标下，应对当地的节能技术发展水平制定更加详细的科技发展鼓励政策。

表 6.17 节能技术门槛模型回归估计结果

解释变量	系数	解释变量	系数
$\ln POP$	0.0260 (0.048)	$\ln ISR$	-0.0420 ** (0.069)
$\ln GDP$	-0.1338 *** (0.028)	$(R \times \ln ISO_{it}) \times I(ES > 0.7809)$	-2.4757 ** (1.143)
$\ln ISO$	-0.5529 *** (0.069)	$(R \times \ln ISO_{it}) \times I(ES \leq 0.7809)$	2.504 *** (0.503)

注：标准误差显示在括号中；** 和 *** 分别表示在 5% 和 1% 的水平下显著。

以环保技术为门槛变量的门槛模型参数估计如表 6.18 所示。以环保技术为门槛变量时，即当环保技术发展指数低于 0.1895 时，资源依赖下产业结构高级化系数为4.3972，即资源依赖下产业结构高级化程度每提高1%，中国雾霾污染增加4.3972%，当环保技术发展指数高于0.1895时，资源依赖下产业结构高级化系数转变为2.0606，即当产业结构高级化程度每提高1%，中国雾霾污染增加2.0606%。可以发现，当环保技术由第一阶段发展为第二阶段时，资源依赖下产业结构高级化影响雾霾污染排放系数由大变小，即环保技术的发展减弱了资源依赖对产业结构高级化减霾效应的扭曲作用，因此随着环境技术的发展，产业结构高级化的增霾效应是增强的，这是由于环境技术是产业结构转型过程中低污染概念的反映。如果环境技术保持较低水平，资源依赖下产业结构高级化将导致更多的雾霾污染，但是，随着低污染、绿色概念的流行和环境技术的发展，产业结构转型的减霾效果将被增强，从而抵消部分资源依赖和节能技术对其的扭曲作用。

表6.18　　　　　　　　　　　环保门槛模型回归估计结果

解释变量	系数	解释变量	系数
$\ln POP$	-0.0377 (0.049)	$\ln ISR$	-0.0395 (0.027)
$\ln GDP$	-0.0912^{***} (0.029)	$(R \times \ln ISO_{it}) \times I(EP > 0.1895)$	4.3972^{***} (0.620)
$\ln ISO$	-0.6970^{***} (0.067)	$(R \times \ln ISO_{it}) \times I(EP \leq 0.1895)$	2.0606^{***} (0.541)

注：标准误差显示在括号中；** 和 *** 分别表示在5%和1%的水平下显著。

　　总体上看，资源依赖下产业结构高级化影响雾霾污染系数由正转变为负再转变为正，在科技创新第一发展阶段，节能技术和环保技术均可以减少资源依赖对产业结构高级化减霾作用的扭曲效应，但是由于此时环保技术发展能力较弱，资源依赖下产业结构高级化仍然对雾霾污染呈现出显著的增加作用；而随着科技创新进一步发展，此时环保技术水平提高，进一步削弱资源依赖对产业结构高级化减霾的扭曲作用，同时节能技术可能尚处于第一发展阶段，因此资源依赖下产业结构高级化对雾霾污染影响为负，但不显著，说明此时科技创新对资源依赖的扭曲作用仍然未完全抵消；随着科技创新发展进入第三阶段，节能技术发展也进入第二阶段，在节能技术和资源依赖的共同作用下，产业结构高级化对雾霾污染呈现出了显著的增排效应，从而造成了雾霾污染回弹的现象。

6.2.4.4 异质性科技创新对资源依赖下产业结构合理化影响雾霾污染扭曲效应的作用机制

基于前面分析结果可以发现，资源依赖下产业结构合理化对雾霾污染的影响由不显著的负向作用转化为不显著的正向作用，再转化为显著的负向作用，最后转化为不显著的负向，呈倒"N"型。节能技术和环境技术对资源依赖下产业结构合理化减霾效应的作用差异是否是造成扭曲效应的原因需要进一步分析。为了解决这个问题，本章研究用节能技术（ES）和环保技术（EP）分别代替科技进步（INV），同时模型（5.17）和模型（5.18）中的产业结构指标（IS）用产业结构合理化表示（ISR），构建两个阈值模型，其中阈值变量分别为节能技术和环境技术。在建立门槛模型之前，分别使用似然比（LR）统计数据来测试以资源依赖下产业结构合理化为核心变量，节能技术和环保技术为门槛变量的门槛效应的显著性，分别检验节能技术和环保技术是否对产业结构合理化减霾效应有显著影响。若存在影响，则应根据模型是否具有双重影响机制或三重影响机制的顺序原则进一步确定门槛的数量。

首先，以节能技术作为门槛变量，检验其对产业结构合理化减霾效应的作用效果，如表 6.19 所示。

表 6.19 节能技术门槛效应检验结果

假设	F 统计量	1%	5%	10%	门槛值
H_0: 无门槛; H_1: 单门槛	25.99 **	29.094	23.332	20.172	1.0429
H_0: 单门槛; H_1: 双重门槛	无收敛				

注: (1) 临界值基于 bootstrap 方法, 其中迭代次数为 300; (2) ** 表示在 5% 的水平下显著。

表 6.19 显示, 当节能技术作为门槛变量时, 资源依赖下产业结构合理化作为核心变量的面板门槛模型通过了门槛检验, 存在单重门槛效应。结果发现, 节能技术的单重门槛模型检验在 5% 的水平下显著, 应将整个样本分为单重门槛值的两个子面板, 门槛值为 1.0429。

其次, 以环保技术作为门槛变量, 检验其对资源依赖下产业结构合理化减霾效应的作用效果, 如表 6.20 所示。

表 6.20 环保技术门槛效应检验结果

假设	F 统计量	1%	5%	10%	门槛值
H_0: 无门槛; H_1: 单重门槛	25.41 **	30.743	23.985	21.115	0.1932
H_0: 单重门槛; H_1: 双重门槛	无收敛				

注: (1) 临界值基于 bootstrap 方法, 其中迭代次数为 300; (2) ** 表示在 5% 的水平下显著。

表 6.20 显示, 当环保技术作为门槛变量时, 资源依赖下产业结构合理化作为核心变量的面板门槛模型通过了门槛检验, 存在单重门槛效应。结果发现, 环保技术的单重门槛模型检验在 5% 的水平下显著, 应将整个样本分为单重门槛值的两个子面板, 门槛值为 0.1932。

分别以节能技术为门槛变量和以环保技术为门槛变量，构建以资源依赖下产业结构合理化为核心变量的单重门槛（双重作用机制）的模型，如下所示：

$$
\begin{aligned}
\ln PM_{2.5it} = & h_0' + h_1'\ln Pop_{it} + h_2'\ln GDP_{it} + h_3'\ln ISO_{it} + h_4'\ln ISR_{it} + h_5'(R \\
& \times \ln ISR_{it})I(ES \leqslant 1.0429) + h_6'(R \times \ln ISR_{it})I(ES \\
& > 1.0429) + \varepsilon_{it}
\end{aligned}
\tag{6.24}
$$

$$
\begin{aligned}
\ln PM_{2.5it} = & f_0' + f_1'\ln Pop_{it} + f_2'\ln GDP_{it} + f_3'\ln ISO_{it} + f_4'\ln ISR_{it} + f_5'(R \\
& \times \ln ISR_{it})I(EP \leqslant 0.1932) + f_6'(R \times \ln ISR_{it})I(EP \\
& > 0.1932) + \varepsilon_{it}
\end{aligned}
\tag{6.25}
$$

根据模型（6.24）和模型（6.25），分别对以节能技术和环保技术为门槛变量，以对资源依赖下产业结构合理化为核心变量的门槛模型参数进行估计。

以节能技术为门槛变量的门槛模型参数估计如表 6.21 所示。以节能技术为门槛变量时，即当节能技术发展指数低于 1.0429 时，资源依赖下产业结构高级化系数为 -0.6540，即产业结构高级化程度每提高 1%，中国雾霾污染减少 0.6540%；当节能技术发展指数高于 1.0429 时，资源依赖下产业结构高级化系数转变为 0.4894，但不显著。可以发现，当节能技术由第一阶段发展为第二阶段时，资源依赖下产业结构合理化影响雾霾污染排放系数由负转变为正，即由减排转变为增排，但正向系数呈现出不显著的状态。即在节能技术发展的第一阶段时，产业结构合理化可以抵消资源依赖带来的扭曲作用，显著地减少雾霾污染，然而当节能技术发展进入第二阶段时，产业结构合理化的减霾作用减弱，加上资源依赖对其的扭曲作用，导致资源依赖下产业结构高级化的雾霾减排作用转变为不显著的雾霾增排作用，由于节能技术水平提高，能源成本降低，相比产业结构高级化对雾霾污染的作用效应，由于产业结构合理化代表着资源的优化配置（周明生，2013），并没有显著地改变产业的比例，相比产业结构高级化，产业结构合理化过程中需要大量能源消费的部门变动较小，因此第二阶段的节能技术对产业结构合理化雾霾污染减排效果削弱较小，导致在节能技术发展的第二阶段中，产业结构合理化减霾效应呈现出正向不显著效应。

表6.21 节能技术门槛模型回归估计结果

解释变量	系数	解释变量	系数
$\ln POP$	0.0326 (0.050)	$\ln ISR$	−0.0421 (0.030)
$\ln GDP$	−0.1928 *** (0.032)	$(R \times \ln ISR_{it}) \times I(ES \leqslant 1.0429)$	−0.6540 ** (0.286)
$\ln ISO$	−0.382 *** (0.046)	$(R \times \ln ISR_{it}) \times I(ES > 1.0429)$	0.4894 (0.323)

注：标准误差显示在括号中；** 和 *** 分别表示在5%和1%的水平下显著。

以环保技术为门槛变量的门槛模型参数估计如表6.22所示。以节能技术为门槛变量时，即当节能技术发展指数低于0.1932时，资源依赖下产业结构高级化系数为0.2158，不显著；当节能技术发展指数高于0.1932时，资源依赖下产业结构高级化系数转变为−0.8660，且在1%的水平下显著，即当产业结构合理化程度每提高1%，中国雾霾污染减少0.866%。当环保技术发展为第一阶段时，此时环保技术对资源依赖下产业结构合理化增霾效应已经有了一定的削弱；可以发现当环保技术由第一阶段发展为第二阶段时，资源依赖下产业结构合理化对雾霾污染的影响由正向不显著转化为负向显著，即环保技术的发展显著减弱了资源依赖对产业结构合理化减霾效应的扭曲作用。因此，随着环境技术的发展，资源依赖下产业结构合理化的增霾效应转变减霾效应，这是由于环境技术是产业结构转型过程中低污染概念的反映，而产业结构合理化本身就代表着资源配置效率的提高，相比于产业结构高级化代表产业部门比例关系的优化，环保技术的发展能够加速产业间资源配置的优化，从而更显著地提高其减霾效应。随着环境技术的发展，产业结构合理化的减霾效果增强，从而抵消所有资源依赖对产业结构合理化的减霾效应的扭曲作用，使资源依赖下产业结构合理化对雾霾污染呈现出显著的降低作用。

表 6.22 环保门槛模型回归估计结果

解释变量	系数	解释变量	系数
$\ln POP$	-0.0301 (0.051)	$\ln ISR$	-0.0704** (0.030)
$\ln GDP$	-0.0776** (0.033)	$(R \times \ln ISR_{it}) \times I(EP \leq 0.1932)$	0.2158 (0.299)
$\ln ISO$	-0.3419*** (0.047)	$(R \times \ln ISR_{it}) \times I(EP > 0.1932)$	-0.8660*** (0.300)

注：标准误差显示在括号中；** 和 *** 分别表示在 5% 和 1% 的水平下显著。

总体上看，随着科技发展，资源依赖下产业结构合理化影响雾霾污染系数由显著的负向作用转变为不显著的正向作用，呈现出倒"U"型特征，这是因为当科技创新处于第一发展阶段时，节能技术和环保技术均可以抵消资源依赖对产业结构高级化减霾作用的扭曲效应，资源依赖下产业结构合理化对雾霾污染呈现出降低作用，而随着科技创新进一步发展，此时节能技术水平提高进入了第二个发展阶段，对产业结构合理化减霾效应产生扭曲作用，而环保技术进一步发展抵消了资源依赖和节能技术对产业结构合理化减霾效应的扭曲作用，导致产业结构合理化在科技创新发展的第二阶段对雾霾污染呈现出不显著的正向作用特征。

6.3　本章小结

本章选取 2008～2018 年的省级数据，对 STIRPAT 模型和面板门槛效应模型进行了拓展，在此基础上分析了产业结构调整对雾霾污染的非线性影响分析，并进一步对产业结构减霾效应的影响因素及其作用机制进行了深入挖掘。主要结论如下：（1）以第一产业为门槛变量时，产业结构高级化对中国雾霾影响存在两阶段的作用机制；产业结构合理化对中国雾霾影响存在三阶段的作用机制：当第一产业占比高于 14.261% 时，产业结构高级化对中国雾霾污染具有减排效应；当第一产业占比高于 1.231% 低于 3.736% 时，产业结构合理化对雾霾污染具有正向影响；当第一产业占比高于 3.736% 时，产业结构合理化对雾霾污染具有减排效应。（2）以第二产业占比为门槛变量时，产业结构合理化对中国雾霾污染具有两阶段的作用机制，当第二产业占比低于 31.8% 时，产业结构合理化对雾霾污染具有减排效应。（3）资源依赖是扭曲产业结构调整减霾效应的关键因素。（4）异质性科技创新中的环保科技创新能够修正资源依赖对产业结构高级化和产业结构合理化的扭曲作用；节能技术进步水平较高时，产业结构调整会导致一定程度的雾霾污染回弹。

因此，在产业结构调整过程中一定要考虑到各个地区第一产业和第二产业发展情况，针对不同区域实施异质性产业结构调整政策。在实施产业结构调整政策时，也要考虑当地的资源依赖程度和科技发展水平以应对产业结构调整造成的雾霾污染回弹现象，在节能技术发展水平较高的地区，政府应当出台相应的措施减少节能技术发展的反弹效应，如实施阶梯价格管制、政策补贴等配套政策。

第 7 章

产业结构调整与雾霾污染治理的政策建议

7.1 主要研究结论

　　中国的雾霾污染阻碍了我国经济和社会的发展，对民众的身心健康等都造成了直接的损害。中国经济正处于由高增长阶段转向高质量发展阶段，"既要金山银山，也要绿水青山"，新时代下实现环境与经济的协调发展具有重要的现实意义。产业结构是联系经济活动与生态环境的一条重要纽带，也是资源消耗和污染物排放的"控制体"，雾霾污染问题与产业结构密不可分。在这种背景下，如何调整中国产业结构需要新的思考和新的方法，全面、系统、深入地研究产业结构与中国雾霾污染的关系，明确产业结构调整和雾霾污染的影响机制，为制定"治霾"的产业结构调整政策提供科学依据。本书研究在国内外已有研究成果的基础上，对 2008 ~ 2018 年中国产业结构演变情况和雾霾污染情况进行了梳理，结合 STIRPAT 模型、空间计量模型、地理加权回归模型、引力模型、社会网络分析法、QAP 分析法和面板门槛效应模型，实证分析了产业结构调整对中国雾霾污染的空间外溢效应、产业结构调整对产业关联效应和产业结构调整对中国雾霾污染的门槛效应，得出以下主要结论。

（1）2008 ~ 2018 年，中国 $PM_{2.5}$ 浓度经历了先上升后下降的过程，中国雾霾防治工作已经取得了一定的成效，但是在 2018 年，中国仍属于全世界范围内雾霾污染较严重的区域之一。

（2）中国产业结构调整对雾霾污染的影响具有显著的空间依赖性特征与空间异质性特征。雾霾污染存在显著的空间外溢特征，产业结构升级具有显著的空间辐射作用。东部地区产业结构高级化能够显著减少雾霾污染；其内部各省份产业结构高级化对当地的雾霾污染起到了负向作用，对附近地区的雾霾污染呈正向作用，呈现出区域内的"邻避主义"效应；中部地区产业结构高级化对雾霾污染影响不显著，且产业结构高级化会增加中部地区邻近省市雾霾污染。东部地区和中部地区的产业结构合理化能够降低雾霾污染，可以减少内部本地及邻近地区的雾霾污染。西部地区的产业结构调整对雾霾污染影响不显著。

（3）产业结构调整对中国雾霾污染的区际空间外溢效应显著。产业结构高级化对雾霾污染的溢出效应在东部—中部、中部—西部地区间的空间溢出效应均为正向；而产业结构合理化在东部—中部、东部—西部及中部—西部地区间均具有显著的负向空间溢出作用。

（4）产业结构调整对中国雾霾污染产业关联效应明显。相比 2014 年，2018 年雾霾污染产业关联密度及其溢出关系减少，中国的联防联控协同治理政策初显效果。在 2008 ~ 2018 年，中国雾霾污染产业关联网络整体呈现出低密度、高稳健性的特点，产业关联渠道较多，网络结构较为完整，网络等级平缓，地区间雾霾污染产业关联溢出影响较为直接，仅对重点地区实施雾霾污染减排措施并不能产生长效"治霾"机制，应当制定相关区域联防联控治霾政策。产业结构调整关联程度越大，区域协同发展程度越高，区域间外部性越小，产业结构调整对雾霾污染的负向作用越强（正向作用越弱）。

（5）产业结构调整对中国雾霾污染的影响在第一产业和第二产业发展的不同阶段存在差异，存在门槛效应特征。产业结构高级化对雾霾污染的影响仅限于第一产业，当第一产业占比大于门槛值时，产业结构高级化具有减霾效应。产业结构合理化对雾霾污染的效应受第一产业和第二产业影响，当第一产业占比越过第一门槛值时，产业结构合理化具有增霾效应，而当第一产业占比越过第二门槛值时，产业结构合理化具有减霾效应；当第二产业占比低于门槛值时，产业结构合理化具有减霾效应。

（6）资源依赖是扭曲产业结构调整减霾效应的关键因素。科技创新中的环保技术进步能够修正资源依赖对产业结构调整的扭曲作用；而当科技创新中节能技术水平较高时，产业结构调整会导致一定程度的雾霾污染回弹。

7.2 政策建议

根据产业结构调整对雾霾污染影响的分析结果，为了从根本上解决雾霾污染问题，政府必须发挥主导作用出台相关的产业结构调整政策。根据前面的研究结果，产业结构调整对中国雾霾污染的影响存在空间异质性和非线性特征，所以应根据地区实际情况，制定雾霾污染的治理政策；与此同时，产业结构对中国雾霾污染存在空间溢出效应和产业关联效应的特征。因此，本书从单一区域和区域间联防联控"治霾"角度，为产业结构调整提出了相关的政策建议。

7.2.1　单一区域①产业结构调整的政策建议

（1）进一步发挥东部地区产业结构高级化减霾作用，促进东部地区产业结构重心向第三产业转移，防止东部地区内部污染产业转移，弱化产业结构高级化对周边地区的增霾溢出效应。

优化第二产业内部结构。坚持供给侧改革，强化去产能政策的推进力度，进一步减少第二产业中的重工业、高能源消费行业的占比。同时提出相关优惠政策，提高这些产业的技术研发投入，鼓励企业之间的技术交流与合作，加强企业间清洁技术的交流；提高现有技术的贡献率，从而尽量降低雾霾污染。应进一步鼓励发展信息技术，将信息技术应用于钢铁、煤炭等传统产业，坚持以信息化促进工业化。配合市场手段促使工业企业主动淘汰落后产能，完善相关市场制度，促使企业以利润率为目标优化产出水平，制止企业盲目扩张。同时，出台相关政策禁止东部地区承接产业结构高级化过程中内部淘汰的落后产能，避免东部地区内部的污染转移。

优化我国现代服务业的发展。东部地区第三产业占比较高，但是与发达国家相比仍有差距，技术含量低的粗放式的劳动密集型传统服务业占较大优势，因此应当进一步推进现代服务业的建设。对各省份现代服务业发展统筹策划和部署，推进区域性专业中心的形成，如金融中心、贸易交流中心、旅游娱乐中心等。加大对金融、科研、信息技术等现代服务业的投资。深化现代服务业中国有企业的改革，做到政企分开，在国有控股的情况下吸引多元化的投资者，完善工资绩效制度，提升国有服务业的服务质量。在东部地区，海南与黑龙江的第一产业占比较高，加强第一产业与生产性服务业的协同发展可以进一步发挥产业结构高级化的减霾效应；加大农业科技投入，促进农

---

① 这里的区域是指前文中通过空间异质性特征将中国各省份分类的东部、中部、西部地区。

业科技的发展；出台相关农业科学的人才引进政策，为农业提供技术和人才支撑。

（2）提高东部地区（除浙江外）和中部地区资源配置效率，放大东部地区和中部地区产业结构合理化的减霾效应。

东部和中部地区应减少行政干预，完善市场定价的资源价格形成机制，真实反映资源产品价格关系，表现出其真实的供求状况。发展现代农业，提高农业生产率。根据前面分析可以发现，中部和东部地区第一产业结构偏离度为负值，第二、第三产业对于农业剩余劳动力的吸纳不足，应出台相应政策，鼓励创办乡镇企业，吸收农村剩余劳动力，解决农民就业问题。扶持建立农户自由进入与退出的选择机制下的合作经济组织，减少交易费用，增加农业增加值。促进现代农业发展，对农民进行农业科技知识培训，促进农民、企业和相关科研机构三方的合作，进一步提高科技含量，以此降低生产成本，提高生产力。处置"僵尸企业"，淘汰落后过剩产能，或关闭，或兼并重组，或进行技术改造，引导生产要素流向优势企业，发挥规模效应。以高新技术改造传统工业，将其与传统工业的改造紧密结合，实现供给侧改革。规范服务业的行业标准，减少企业混乱的竞争与价格行为，提升服务质量，逐步形成规范、公平、有序的竞争环境。大力投资现代服务业，鼓励产学研结合。加大对基础行业的投入，出台相应补贴政策鼓励其技术革新；稳步提高对劳动密集型服务业的资金投入，提升行业的产品质量，进一步提高第三产业的生产效率。

（3）关注本地第一产业和第二产业发展的门槛值，避免在个别地区产业结构合理化出现增霾效应。

在第一产业和第二产业发展到不同阶段时，产业结构调整对雾霾污染的影响存在方向和程度上的差异。当第一产业占比处于 1.231% ~ 3.736% 时（如 2018 年浙江），产业结构合理化会增加雾霾污染。在此情况下，应进一步提高农业生产率，促进农业生态化。政府应当推进实施科教兴农战略和人才兴农战略，加强农村基础教育，进一步将农村的人力资源转化为人力资本。给予相关补贴政策，通过人才引进、建立科学机构等方式加强第一产业的科学技术研究，同时促进与发达国家农业科学技术的交流与合作，加快引进科技成果。防洪、排涝、节水灌溉等工程应当进一步加强，提高农业的综合生产能力。加强资源和生态系统的保护与修复工作。依托乡村振兴战略和精准扶贫战略等重要部署，将农村污染防治与废弃物资源化处理、清洁化排放与提升有机土壤相结合，在提升农业生产率的同时，减少污染排放。

（4）鼓励环保技术研发，宣传环保观念，进一步扩大产业结构调整的减霾效应，同时严防节能技术进步引起产业结构调整的雾霾污染回弹效应。

环保技术进步，能够减少资源依赖对产业结构调整带来的扭曲效应。政府应当提高对环保技术的投入比重，增加环保技术申请和授权的比重，建立环保专利审批快速通道，减少环保技术从授权到实际应用的时间。积极投入资金，鼓励环保技术研发人员积极学习国外绿色环保技术，鼓励研企合作。政府应当为企业初期环保技术研发提供补贴支持。扩大清洁能源消费比重，建设完备的配套设施如新能源汽车的充电桩等。同时应完善能源梯度价格制度，积极开展生态环保宣传教育活动，鼓励社会各界积极参与，牢固树立"绿水青山就是金山银山"的生态文明理念，强化消费者的环保意识，避免节能技术进步产生能源过度浪费。

7.2.2 区域关联下产业结构调整的政策建议

（1）促进产业协同发展，减少雾霾污染外部性，提升产业结构调整的减霾效应。

通过实证分析发现，产业协同能力的提升能够减少区域间雾霾污染的外部性提升产业结构调整的减霾效应。首先，应当合理规划产业布局，通过加强中国、区域内部的产业分工，避免产业过度竞争；优化供应链和产业链的分工与合作模式，从博弈关系转化为紧密协作的关系。其次，进一步完善产业发展基础设施建设，围绕产业链形成物流圈，从而降低运行成本。再次，进一步加强各地的产业融合，政府出台补贴政策鼓励建设区域间产业融合发展试验区，强化区际产业技术交流。最后，应进一步健全产业协同创新体系，建设区域、区域间创新协同发展中心，使跨区各种创新要素形成联盟，建立共享开放机制，促进创新资金流动；推动互联网技术应用。

（2）完善法制建设，设置准入门槛，建立区域间的雾霾污染补偿机制，防止中部—西部、东部—中部污染的区际转移。

禁止为规避环境管制的产业转移，明确其法律责任，制定相应的实施细则，强化其执行。中西部地区应完善地方环境立法，针对自身生态环境，对不能适应承接产业和发展需要的法律法规适时修订和完善。强化总量管理，将转移的雾霾污染总量控制在可承载的范围内，从而达到改善空气质量的目的。加强对环保产业的扶持和引导，提高承接产业转移的技术门槛，对被其他地方淘汰的落后技术、设备一概否决。在考虑当地产业发展、生态功能要求和资源环境承载力的基础上严把建设项目审批关。建立区域间的生态补偿机制，产业转出地区与产业转入地区共同制定空气质量管理计划，共同制定区域的排污转移税征收政策、征收标准和对象以及补贴办法，根据上一年的环境统计数据，经数理模型科学计算"受损"区域雾霾污染量，并与标准比对计算被转移超配额数量，遵循"谁受益，谁补偿"和"谁受损，谁受偿"的基本原则，按照超配额污染物转移数量和征收政策进行经济补偿。

（3）中部和西部地区出台相应的资金、人员、技术引进政策，增大东部—中部、中部—西部产业结构合理化减霾效应。

中部和西部地区应当出台相应的资本、人员、技术引进政策，吸纳东部剩余生产要素，推动各要素在东部与中西部产业部门之间合理流动和优化配置，进一步放大产业结构合理化减霾效应的区域间溢出作用。中西部地区应当提升吸收能力，充分考虑当地经济、社会和环境承载力，精准引才。另外，要提高医疗、卫生和社会保障等服务水平，确保引进人才不流失。完善铁路、公路、机场、通信、水利等基础设施，提高政务审批效率，营造公平、公正、竞争有序的产品市场和要素市场，打造优质的营商环境，提高对高新技术企业的支持。鼓励东部—中部、中部—西部的科技对口支援，缩小基本公共服务、基础设施、工资等方面的差距，地区间交流合作进一步加强，鼓励新旧产业融合发展，扩大地区间的产业关联效应，以点带面，依新改旧，全面提高东部—中部、中部—西部资源要素配置效率的溢出，充分发挥东部—中部、中部—西部地区间的产业结构合理化减霾效应。

7.3　研究展望

本书围绕产业结构调整对雾霾污染的影响展开研究，还存在一些局限性，未来有待深化。

（1）在研究数据上，由于社会网络分析软件对研究目标数量有所限制，在第4章中没有基于地级市层面对产业关联下雾霾污染网络展开，为了能够更详细、更精准地对局域产业关联下雾霾污染网络进行分析，在后续研究中期望在地级市层面，构建中国各大城市群的产业关联下雾霾污染网络，进一步针对各区域提出更为精准的产业结构调整政策。

（2）在研究内容上，本书研究有待于对产业结构进一步细分，对中国三次产业中的细分产业结构变化及相互作用对雾霾污染的影响进行深入探究。

参 考 文 献

[1] 埃尔霍斯特. 空间计量经济学：从横截面数据到空间面板 [M]. 北京：中国人民大学出版社，2015.

[2] 艾小青，陈连磊，朱丽南. 空气污染排放与经济增长的关系研究——基于中国省际面板数据的空间计量模型 [J]. 华东经济管理，2017 (3)：69 – 76.

[3] 安虎森，王雷雷，吴浩波. 中国环境库兹涅茨曲线的验证——基于省域数据的空间面板计量分析 [J]. 南京社会科学，2014 (9)：1 – 8.

[4] 白春礼，王志刚，冯长根. 科技要更好地承担起支撑和引领中国发展的使命 [J]. 求是，2011 (15)：36 – 38.

[5] 陈恭军. 土地资源错配、产业结构与雾霾污染——基于空间计量和动态面板门槛模型的实证分析 [J]. 中国软科学，2022 (12)：143 – 152.

[6] 陈国亮，陈建军. 产业关联、空间地理与二三产业共同集聚——来自中国 212 个城市的经验考察 [J]. 管理世界，2012 (4)：82 – 100.

[7] 陈生明. 环境规制下中国产业结构与能源消费结构对雾霾污染及空间外溢效应研究 [D]. 长沙：湖南大学，2019.

[8] 陈诗一，陈登科. 雾霾污染、政府治理与经济高质量发展 [J]. 经济研究，2018 (2)：20 – 34.

[9] 陈修颖，甄峰，吴泓. 上海市传统产业的地域转移研究——基于国际大都市建设的新思路 [J]. 人文地理，2004 (6)：48 – 52.

[10] 陈阳，孙婧，逯进．城市蔓延和产业结构对环境污染的影响 [J]．城市问题，2018（4）：18 - 25.

[11] 程中华，刘军，李廉水．产业结构调整与技术进步对雾霾减排的影响效应研究 [J]．中国软科学，2019，337（1）：151 - 159.

[12] 丛林．技术进步在产业结构调整中的作用机制 [J]．学术评论，2000（3）：7 - 10.

[13] 戴宏伟，回莹．京津冀雾霾污染与产业结构、城镇化水平的空间效应研究 [J]．经济理论与经济管理，2019（5）.

[14] 邓慧慧，杨露鑫．雾霾治理、地方竞争与工业绿色转型 [J]．中国工业经济，2019（10）：118 - 136.

[15] 杜雯翠．环保投资、环境技术与环保产业发展——来自环保类上市公司的经验证据 [J]．北京理工大学学报：社会科学版，2013，15（3）：47 - 53.

[16] 范金，郑庆武，梅娟．应用产业经济学 [M]．北京：经济管理出版社，2005.

[17] 方齐云，曹金梅．城市化、产业结构与人均碳排放——理论推演与实证检验 [J]．现代财经：天津财经学院学报，2016（5）：77 - 88.

[18] 付保宗．调结构视野的中国工业发展阶段性特征 [J]．改革，2014（2）：52 - 58.

[19] 傅京燕．产业特征、环境规制与大气污染排放的实证研究 [J]．中国人口·资源与环境，2009（2）：73 - 77.

[20] 高明，余玲，吴雪萍．技术进步回弹效应的形成路径分析——以建筑业为例 [J]．科技管理研究，2018，38（22）：125 - 134.

[21] 耿蕊．京津冀区域产业协同发展的减排效应研究 [D]．沈阳：辽宁大学，2020.

[22] 顾为东．中国雾霾特殊形成机理研究 [J]．宏观经济研究，2014，6

（3）：7.

［23］郭朝先．产业结构变动对中国碳排放的影响［J］．中国人口·资源与环境，2012（7）：17－22.

［24］郭晓婷．陕西省教育厅要求遇雾霾天气学校应取消室外活动［EB/OL］．http：//www. gov. cn/zhuanti/2013－12/19/content_2594425. htm，2013－12－19.

［25］国涓，项吉宁，郭崇慧．空间影响与环境库兹涅茨曲线：基于空间经济计量方法的实证分析［J］．数理统计与管理，2009，28（4）．

［26］郝寿义．区域经济学原理［M］．上海：格致出版社，2016.

［27］何枫，徐桂林．FDI与中国城乡居民收入差距之间是否存在倒U形关系［J］．国际贸易问题，2009（11）：89－96.

［28］何小钢．结构转型与区际协调：对雾霾成因的经济观察［J］．改革，2015（5）：33－42.

［29］何兴强，王利霞．中国FDI区位分布的空间效应研究［J］．经济研究，2008（11）：138－151.

［30］贺丹．基于生态经济的产业结构优化研究［D］．武汉：武汉理工大学，2012.

［31］贺铿．关于信息产业和信息产业投入产出表的编制方法［J］．数量经济技术经济研究，1989（2）：34－41.

［32］赫希曼，曹征海，潘照东．经济发展战略［M］．北京：经济科学出版社，1991.

［33］胡飞．产业结构升级，对外贸易与环境污染的关系研究——以中国东部和中部地区为例［J］．经济问题探索，2011（7）：113－118.

［34］胡秋阳．回弹效应与能源效率政策的重点产业选择［J］．经济研究，2014（2）：128－140.

［35］黄桂田，齐伟．基于产业关联度视角的区域主导产业选择［J］．学习与

探索, 2010 (6): 122 – 126.

[36] 回莹. 产业结构、城镇化对京津冀雾霾的空间效应研究 [D]. 北京: 中央财经大学, 2018.

[37] 简新华, 叶林. 改革开放以来中国产业结构演进和优化的实证分析 [J]. 当代财经, 2011 (1): 93 – 102.

[38] 姜磊, 周海峰, 柏玲. 外商直接投资对空气污染影响的空间异质性分析——以中国150个城市空气质量指数 (AQI) 为例 [J]. 地理科学, 2018, 38 (3): 351 – 360.

[39] 克拉克. 经济进步的条件 [M]. 北京: 商务印书馆, 1940: 57 – 61.

[40] 赖楠. 应用假设抽取法分析隐含大气污染物的行业和区域关联性 [D]. 天津: 天津大学, 2017.

[41] 冷炳荣, 杨永春, 李英杰, 等. 中国城市经济网络结构空间特征及其复杂性分析 [J]. 地理学报, 2011, 66 (2): 199 – 211.

[42] 冷艳丽, 杜思正. 产业结构, 城市化与雾霾污染 [J]. 中国科技论坛, 2015 (9): 49 – 55.

[43] 李博, 胡进. 中国产业结构优化升级的测度和比较分析 [J]. 管理科学, 2008, 21 (2): 86 – 93.

[44] 李国学, 张宇燕. 资产专用性投资、全球生产网络与中国产业结构升级 [J]. 世界经济研究, 2010 (5): 3 – 6.

[45] 李健, 徐海成. 技术进步与中国产业结构调整关系的实证研究 [J]. 软科学, 2011 (4): 8 – 13.

[46] 李敬, 陈澍, 万广华, 等. 中国区域经济增长的空间关联及其解释——基于网络分析方法 [J]. 经济研究, 2014, 49 (11): 4 – 4.

[47] 李牧南, 梁欣谊, 熊俊霞, 等. 一种基于极大熵准则 DEA 的区域科技投入效率评价方法: 以广东专业镇为例 [J]. 科技管理研究, 2016, 36 (10): 66 – 74.

［48］李鹏．产业结构调整与环境污染之间存在倒 U 型曲线关系吗？［J］．经济问题探索，2015（12）：56 - 67．

［49］李鹏．产业结构与环境污染之间倒"U"型曲线关系的检验——基于产业结构调整幅度和经济增长速度共同影响视角的分析［J］．经济问题，2016（10）：21 - 26．

［50］李姝．城市化，产业结构调整与环境污染［J］．财经问题研究，2011（6）：38 - 43．

［51］李素峰，严良，庞林，等．资源密集型区域"科技—环境—经济"优化方案研究——以黑龙江省为例［J］．科技管理研究，2015，35（23）：74 - 77．

［52］李仙德．测量上海产业网络的点入度和点出度——超越后工业化社会的迷思［J］．地理研究，2016（35）：2200．

［53］李小平，陈勇．劳动力流动、资本转移和生产率增长——对中国工业"结构红利假说"的实证检验［J］．统计研究，2007（7）：24 - 30．

［54］李玉坤．明起京津冀中重度污染，专家：高污染产业结构没有根本改变［EB/OL］．https：//baijiahao．baidu．com/s？id = 16937457867584175 59&wfr = spider&for = pc，2021 - 03 - 09．

［55］李玉文，徐中民，王勇，焦文献．环境库兹涅茨曲线研究进展［J］．中国人口·资源与环境，2005（5）：11 - 18．

［56］李智江，唐德才．北京雾霾治理措施对比分析——基于系统动力学仿真预测［J］．科技管理研究，2018，38（20）：253 - 261．

［57］林伯强．中国二氧化碳的环境库兹涅茨曲线预测及影响因素分析［J］．管理世界，2009，187（4）：27 - 36．

［58］林春艳，孔凡超．技术创新，模仿创新及技术引进与产业结构转型升级——基于动态空间 Durbin 模型的研究［J］．宏观经济研究，2016（5）：106 - 118．

[59] 林毅夫. 新结构经济学 [J]. 经济学 (季刊), 2010 (1): 1 – 32.

[60] 林佳梅, 易辉, 佟磊, 等. 气团来源对沿海城市 PM$_{2.5}$ 中二次水溶性无机离子形成特征的影响研究 [J]. 生态环境学报, 2019, 28 (4): 8.

[61] 刘海猛, 方创琳, 黄解军, 朱向东, 周艺, 王振波, 张蔷. 京津冀城市群大气污染的时空特征与影响因素解析 [J]. 地理学报, 2018, 73 (1): 177 – 191.

[62] 刘刚. 产业结构变动中需求因素的影响——基于信息熵方法的理论与应用 [J]. 系统管理学报, 2012, 21 (1): 70 – 75.

[63] 刘桂丽, 黄文博, 陈培文, 等. 高速公路雾霾净化技术研究 [J]. 公路交通科技, 2016, 33 (2): 143 – 150.

[64] 刘华军, 刘传明, 孙亚男. 中国能源消费的空间关联网络结构特征及其效应研究 [J]. 中国工业经济, 2015 (5): 83 – 95.

[65] 刘华军, 张耀, 孙亚男. 中国区域发展的空间网络结构及其影响因素——基于 2000 ~ 2013 年省际地区发展与民生指数 [J]. 经济评论, 2015 (5): 59 – 69.

[66] 刘军. 社会网络分析导论 [M]. 北京: 社会科学文献出版社, 2004.

[67] 刘克逸. 技术进步是产业结构合理化和高度化的根本动力 [J]. 当代经济研究, 1995 (S1): 10 – 11.

[68] 刘荣茂, 张莉侠, 孟令杰. 经济增长与环境质量: 来自中国省际面板数据的证据 [J]. 经济地理, 2006, 26 (3): 374 – 377.

[69] 刘伟, 张辉. 中国经济增长中的产业结构变迁和技术进步 [J]. 经济研究, 2008, 11 (3): 11.

[70] 刘伟. 工业化进程中的产业结构研究 [M]. 北京: 中国人民大学出版社, 1995.

[71] 刘晓红. 中国省际雾霾污染水平的时空特征与影响因素研究 [D]. 南京: 南京航空航天大学, 2018.

[72] 刘新争．区域产业联动与产业转移——基于内生比较优势的视角 [J]．
江汉论坛，2016（12）：43 – 47．

[73] 刘亚清，马艺翔，吴振信．京津冀地区产业结构升级对大气污染的影
响 [J]．城市问题，2017（12）：65 – 71．

[74] 卢子宸，高汉．"一带一路"科技创新合作促进城市产业升级——基于
PSM – DID 方法的实证研究 [J]．科技管理研究，2020，40（5）．

[75] 逯苗苗，孙涛．中国雾霾污染空间关联性及其驱动因素分析——基于
社会网络分析方法 [J]．宏观质量研究，2017，5（4）：67 – 76．

[76] 罗国勋．经济增长与劳动生产率、产业结构及就业结构的变动 [J]．数
量经济技术经济研究，2000（3）：26 – 28．

[77] 罗斯托．从起飞进入持续增长的经济学 [M]．成都：四川人民出版社，
1988．

[78] 罗斯托．经济增长的阶段 [M]．北京：中国社会科学出版社，2001．

[79] 吕萍，甄辉．基于 GWR 模型的北京市住宅用地价格影响因素及其空间
规律研究 [J]．经济地理，2010，30（3）：472 – 478．

[80] 马丽梅，张晓．区域大气污染空间效应及产业结构影响 [J]．中国人
口·资源与环境，2014，24（7）：157 – 164．

[81] 马丽梅，张晓．中国雾霾污染的空间效应及经济、能源结构影响 [J]．
中国工业经济，2014（4）：19 – 31．

[82] 马树才，李国柱．中国经济增长与环境污染关系的 Kuznets 曲线 [J]．
统计研究，2006（8）：37 – 40．

[83] 苗圩．十八大报告解读优化产业结构是加快转变经济发展方式的重点
任务 [J]．现代工业经济和信息化，2012（23）：8 – 11．

[84] 潘竟虎，张建辉，胡艳兴．近 20 年来甘肃省县域人均粮食占有量时空
格局及其驱动力研究 [J]．自然资源学报，2016，31（1）：124 – 134．

[85] 庞瑞芝，王亮．服务业发展是绿色的吗？——基于服务业环境全要素

效率分析 [J]. 产业经济研究, 2016 (4): 18 - 28.

[86] 彭立颖, 童行伟, 沈永林. 上海市经济增长与环境污染的关系研究 [J]. 中国人口·资源与环境, 2008, 18 (3): 186 - 194.

[87] 彭连清. 中国区域间产业关联与经济增长溢出效应的实证分析——基于区域间投入产出分析的视角 [J]. 工业技术经济, 2008 (4): 62 - 68.

[88] 彭小兵, 谭志恒. 信任机制与环境群体性事件的合作治理 [J]. 理论探讨, 2017 (1): 141 - 147.

[89] 蒲艳萍. 第三产业发展带动我国就业增长的实证分析 [J]. 南京师大学报: 社会科学版, 2005.

[90] 齐庆华, 蔡榕硕. 中国大陆东部相对湿度变化与海陆热力差异的关联性初探 [J]. 高原气象, 2017, 36 (6): 1587 - 1594.

[91] 齐绍洲, 严雅雪. 基于面板门槛模型的中国雾霾（$PM_{2.5}$）库兹涅茨曲线研究 [J]. 武汉大学学报: 哲学社会科学版, 2017, 70 (4): 80 - 90.

[92] 齐亚伟, 陈洪章. 中国区域产业结构的投入产出关联特征分析 [J]. 宏观经济研究, 2017 (9): 79 - 90.

[93] 齐园, 张永安. 北京三次产业演变与 $PM_{2.5}$ 排放的动态关系研究 [J]. 中国人口·资源与环境, 2015, 25 (7): 15 - 23.

[94] 钱纳里. 工业化和经济增长的比较研究 [M]. 上海: 格致出版社, 上海三联书店, 上海人民出版社, 2015.

[95] 区桂恒. 实施产业结构调整战略　促进太原经济快速发展 [J]. 城市研究, 1997 (4): 49 - 53.

[96] 全世文, 袁静婷. 我国经济增长与碳排放之间的变协整与阈值效应 [J]. 改革, 2019, 300 (2): 37 - 45.

[97] 邵帅, 李欣, 曹建华, 等. 中国雾霾污染治理的经济政策选择——基于空间溢出效应的视角 [J]. 经济研究, 2016 (9): 73 - 88.

[98] 申玉铭, 邱灵, 王茂军, 等. 中国现代服务业产业关联效应分析 [J].

地理学报，2007（8）：821 – 830.

［99］盛广耀．区域经济增长的多重关联效应及其实证检验［J］．经济学家，2018，4（4）：34 – 41.

［100］石磊，王玥，程荣，等．京津冀产业结构调整对大气污染物排放的影响效应——基于向量自回归（VAR）模型的脉冲响应函数分析［J］．科技导报，2018，36（15）：24 – 31.

［101］世界银行．1992 年世界发展报告：发展与环境［M］．北京：中国财政经济出版社，1992.

［102］宋凯艺，卞元超．金融开放是否加剧了雾霾污染［J］．山西财经大学学报，2019，41（3）：45 – 59.

［103］苏东水．产业经济学［M］．北京：高等教育出版社，2002.

［104］苏梽芳，胡日东，林三强．环境质量与经济增长库兹涅茨关系空间计量分析［J］．地理研究，2009，28（2）：303 – 310.

［105］孙华臣，卢华．中东部地区雾霾天气的成因及对策［J］．宏观经济管理，2013（6）：48 – 50.

［106］孙久文，姚鹏．空间计量经济学的研究范式与最新进展［J］．经济学家，2014，7（187）：29 – 37.

［107］孙亚男，刘华军，崔蓉．中国地区经济差距的来源及其空间相关性影响：区域协调发展视角［J］．广东财经大学学报，2016（2）：4 – 15.

［108］孙永平，叶初升．自然资源丰裕与产业结构扭曲：影响机制与多维测度［J］．南京社会科学，2012（6）：7 – 14.

［109］汤放华，汤慧，孙倩，等．长江中游城市集群经济网络结构分析［J］．地理学报，2013，68（10）：1357 – 1366.

［110］唐继发．城市的三次产业结构与辐射效应强度——北京上海地区的经济辐射强度比较［C］．国家发展和改革委员会第七届中青年干部经济研讨会，2009.

[111] 田红，刘兆德，陈素青. 山东省产业结构变动对区域经济增长贡献的演变 [J]. 经济地理，2009，29（1）：49-53.

[112] 汪伦. 新常态下中国三次产业投资与经济增长的实证研究 [J]. 经济论坛，2017（9）：9-12.

[113] 汪艳涛，张娅娅. 生态效率区域差异及其与产业结构升级交互空间溢出效应 [J]. 地理科学，2020，40（8）：58-66.

[114] 王俊，夏杰长. 中国省域旅游经济空间网络结构及其影响因素研究——基于 QAP 方法的考察 [J]. 旅游学刊，2018（9）：13-25.

[115] 王鲁峰. 雾霾环境下城市居民健身活动的需求与供给研究——以上海市为例 [J]. 中国体育科技，2016，52（2）：55-61.

[116] 王茂军，杨雪春. 四川省制造产业关联网络的结构特征分析 [J]. 地理学报，2011，66（2）：212-222.

[117] 王少剑，高爽，陈静. 基于 GWR 模型的中国城市雾霾污染影响因素的空间异质性研究 [J]. 地理研究，2020，39（3）.

[118] 王圣云，姜婧. 中国人类发展指数（HDI）区域不平衡演变及其结构分解 [J]. 数量经济技术经济研究，2020，37（4）：85-106.

[119] 王艳华，苗长虹，胡志强，等. 专业化、多样性与中国省域工业污染排放的关系 [J]. 自然资源学报，2019，34（3）：586-599.

[120] 王永刚. 复杂网络视角下的长三角节点城市分析 [D]. 上海：上海社会科学院，2014.

[121] 王岳平，葛岳静. 中国产业结构的投入产出关联特征分析 [J]. 管理世界，2007（2）：69-76.

[122] 威廉·配第. 政治算术 [M]. 北京：商务印书馆，1978：19-20.

[123] 魏后凯，王颂吉. 中国"过度去工业化"现象剖析与理论反思 [J]. 中国工业经济，2019，1：5-22.

[124] 魏巍贤，马喜立. 能源结构调整与雾霾治理的最优政策选择 [J]. 中

国人口·资源与环境，2015，25（7）：6-14.

[125] 魏下海，林涛，张宁，等．无法呼吸的痛：雾霾对个体生产率的影响——来自中国职业足球运动员的微观证据［J］．财经研究，2017（7）：6-21.

[126] 吴福象，朱蕾．中国三大地带间的产业关联及其溢出和反馈效应——基于多区域投入—产出分析技术的实证研究［J］．南开经济研究，2010（5）：140-152.

[127] 吴敬琏．中国增长模式抉择［M］．上海：上海远东出版社，2006.

[128] 吴敏娜，付中元．基于经济—环境基尼系数的区域产业结构评价研究［J］．特区经济，2011（12）：284-286.

[129] 吴玉鸣．大学、企业研发与区域创新的空间统计与计量分析［J］．数理统计与管理，2007，26（2）：318-324.

[130] 武建新，胡建辉．环境规制，产业结构调整与绿色经济增长——基于中国省级面板数据的实证检验［J］．经济问题探索，2018，39（3）：7.

[131] 新饭田宏，林贤郁，齐舒畅．投入产出分析入门［M］．北京：中国统计出版社，1990.

[132] 徐康宁，王剑．要素禀赋、地理因素与新国际分工［J］．中国社会科学，2006（6）：65-77.

[133] 徐韵琨．中国区域间投入产出的关联及变动分析［D］．厦门：厦门大学，2018.

[134] 徐志伟．经济联系、产业结构与"标杆协同"减排效应［J］．经济评论，2016（5）：24-37.

[135] 许和连，邓玉萍．外商直接投资导致了中国的环境污染吗？［J］．管理世界，2012（2）：30-43.

[136] 薛婕，罗宏，吕连宏，等．中国主要大气污染物和温室气体的排放特征与关联性［J］．资源科学，2012（8）：72-80.

[137] 薛澜，刘冰，戚淑芳．能源回弹效应的研究进展及其政策涵义 ［J］.
中国人口·资源与环境，2011，21（10）：55 – 59.

[138] 薛雅伟，张剑，云乐鑫．资源产业空间集聚，传导要素萃取与"资源
诅咒"中介效应研究 ［J］. 中国管理科学，2019（6）：179 – 190.

[139] 严武，丁俊峰．概念经济的区域竞争机理研究 ［J］. 经济体制改革，
2013（1）：38.

[140] 严雅雪，齐绍洲．外商直接投资与中国雾霾污染 ［J］. 统计研究，
2017，34（5）：69 – 81.

[141] 杨桂元，吴齐，涂洋．中国省际碳排放的空间关联及其影响因素研
究——基于社会网络分析方法 ［J］. 商业经济与管理，2016，294
（4）：57 – 69，79.

[142] 杨海生，周永章，林剑箐．中国城市大气环境库兹涅茨曲线——来自
动态面板数据的证据 ［J］. 资源开发与市场，2008，24（7）：613 –
617.

[143] 杨开忠，陈良文．中国区域城市体系演化实证研究 ［J］. 城市问题，
2008（3）：6 – 12.

[144] 杨仁发，李娜娜．产业结构变迁与中国经济增长——基于马克思主义
政治经济学视角的分析 ［J］. 经济学家，2019，8（8）：27 – 38.

[145] 杨治．产业经济学导论 ［M］. 北京：中国人民大学出版社，1985.

[146] 姚鹏，张明志．新中国70年中国中部地区工业发展——历程、成就、
问题与对策 ［J］. 宏观质量研究，2019，7（2）：103 – 113.

[147] 殷瑞瑞，赵炳新，于振磊．"21世纪海上丝绸之路"东亚国家间产业
网络及其关联效应研究 ［J］. 经济问题探索，2016（6）：119 – 126.

[148] 尹炳文．配第—克拉克定律与日本经济结构性增长 ［J］. 南开经济研
究，1987（6）：57 – 59.

[149] 原毅军，董琨．产业结构的变动与优化：理论解释和定量分析 ［M］.

大连：大连理工大学出版社，2008.

[150] 原毅军，谢荣辉．环境规制的产业结构调整效应研究——基于中国省际面板数据的实证检验［J］．中国工业经济，2014（8）：57－69.

[151] 张成，朱乾龙，于同申．环境污染和经济增长的关系［J］．统计研究，2011，28（1）：59－67.

[152] 张军，郭希宇．中国产业结构变迁、能源效率与环境污染——基于能源效率门槛的视角［J］．南京财经大学学报，2020（4）：45－55.

[153] 张军扩．关于京津冀协同发展若干重要问题的思考［J］．经济社会体制比较，2016（3）：1－5.

[154] 张可，豆建民．集聚与环境污染——基于中国287个地级市的经验分析［J］．金融研究，2015（12）：32－45.

[155] 张可云，杨孟禹．国外空间计量经济学研究回顾、进展与述评［J］．产经评论，2016，7（1）：5－21.

[156] 张宇，蒋殿春．FDI，政府监管与中国水污染——基于产业结构与技术进步分解指标的实证检验［J］．经济学（季刊），2014（1）：491－514.

[157] 郑若谷，干春晖，余典范．转型期中国经济增长的产业结构和制度效应——基于一个随机前沿模型的研究［J］．中国工业经济，2010（2）：58－67.

[158] 郑长德．空间经济学与中国区域发展：理论与实证研究［M］．北京：经济科学出版社，2014.

[159] 钟祖昌．研发投入及其溢出效应对省区经济增长的影响［J］．科研管理，2013（5）：64－72.

[160] 周景博．北京市产业结构现状及其对环境的影响分析［J］．统计研究，1999（8）：40－44.

[161] 周明生．产业结构合理化的经济增长效应分析［J］．学习与探索，

2013（10）：111-115.

[162] 周叔莲，王伟光. 科技创新与产业结构优化升级 [J]. 管理世界，2001（5）：70-78.

[163] 祝丽云，李彤，马丽岩，等. 产业结构调整对雾霾污染的影响——基于中国京津冀城市群的实证研究 [J]. 生态经济，2018，34（10）：141-148.

[164] 邹圆. 中国产业结构变迁对经济增长质量影响研究 [D]. 重庆：重庆大学，2016.

[165] Anselin L. Local indicators of spatial association—LISA [J]. Geographical Analysis, 1995, 27（2）：93-115.

[166] Anselin L. Spatial effects in econometric practice in environmental and resource economics [J]. American Journal of Agricultural Economics, 2001, 83（3）：705-710.

[167] Apergis N, Ozturk I. Testing environmental Kuznets curve hypothesis in Asian countries [J]. Ecological Indicators, 2015, 52：2-16.

[168] Apergis N. Environmental Kuznets curves: New evidence on both panel and country-level CO_2 emissions [J]. Energy Economics, 2016, 54：263-271.

[169] Aslanidis N, Xepapadeas A. Smooth transition pollution-income paths [J]. Ecological Economics, 2006, 57（2）：182-189.

[170] Atasoy B S. Testing the environmental Kuznets curve hypothesis across the US: Evidence from panel mean group estimators [J]. Renewable and Sustainable Energy Reviews, 2017, 77：731-747.

[171] Baldwin R, Braconier H, Forslid R. Multinationals, endogenous growth, and technological spillovers: Theory and evidence [J]. Review of International Economics, 2005, 13（5）：945-963.

[172] Bölük G, Mert M. The renewable energy, growth and environmental Kuznets curve in Turkey: An ARDL approach [J]. Renewable and Sustainable Energy Reviews, 2015, 52: 587 – 595.

[173] Bongaarts J. Population growth and global warming [J]. Population and Development Review, 1992: 299 – 319.

[174] Boulding K E. The city as an element in the international system [J]. Daedalus, 1968: 1111 – 1123.

[175] Brajer V, Mead R W, Xiao F. Health benefits of tunneling through the Chinese environmental Kuznets curve (EKC) [J]. Ecological Economics, 2008, 66 (4): 674 – 686.

[176] Broadbridge S. Industrial dualism in Japan: A problem of economic growth and structure change [M]. Routledge, 2013.

[177] Brookes L. The greenhouse effect: The fallacies in the energy efficiency solution [J]. Energy Policy, 1990, 18 (2): 199 – 201.

[178] Chen G Q, Zhang B. Greenhouse gas emissions in China 2007: Inventory and input-output analysis [J]. Energy Policy, 2010, 38 (10): 6180 – 6193.

[179] Chen J, Gao M, Ma K, et al. Different effects of technological progress on China's carbon emissions based on sustainable development [J]. Business Strategy and the Environment, 2020, 29 (2): 481 – 492.

[180] Chen S, Zhang Y, Zhang Y, et al. The relationship between industrial restructuring and China's regional haze pollution: A spatial spillover perspective [J]. Journal of Cleaner Production, 2019, 239: 115808.

[181] Cheng Z, Li L, Liu J. Industrial structure, technical progress and carbon intensity in China's provinces [J]. Renewable and Sustainable Energy Reviews, 2018, 81: 2935 – 2946.

[182] Clark J M. Toward a concept of workable competition [J]. The American Economic Review, 1940: 30 (2): 241 – 256.

[183] Cleveland W S. Lowess: A program for smoothing scatterplots by robust locally weighted regression [J]. American Statistician, 1981, 35 (1): 54.

[184] Coase R H. The problem of social cost [J]. Journal of Law & Economics, 1960, 3: 1 – 44.

[185] Copeland B R, Taylor M S. Trade, growth, and the environment [J]. Journal of Economic Literature, 2004, 42 (1): 7 – 71.

[186] Crocker T D. The structuring of atmospheric pollution control systems [J]. The Economics of Air Pollution, 1966, 61: 81 – 84.

[187] Dales J H. Land, water, and ownership [J]. The Canadian Journal of Economics/Revuecanadienne d'Economique, 1968, 1 (4): 791 – 804.

[188] DeBruyn S M, van den Bergh J C J M, Opschoor J B. Economic growth and emissions: Reconsidering the empirical basis of environmental Kuznets curves [J]. Ecological Economics, 1998, 25 (2): 161 – 175.

[189] Denison E F. Sources of postwar growth in nine western countries [J]. The American Economic Review, 1967, 57 (2): 325 – 332.

[190] Dietz T, Rosa E A. Rethinking the environmental impacts of population, affluence and technology [J]. Human Ecology Review, 1994, 1 (2): 277 – 300.

[191] Dimitropoulos J. Energy productivity improvements and the rebound effect: An overview of the state of knowledge [J]. Energy Policy, 2007, 35 (12): 6354 – 6363.

[192] Druckman A, Chitnis M, Sorrell S, et al. Missing carbon reductions? Exploring rebound and backfire effects in UK households [J]. Energy Policy, 2011, 39 (6): 3572 – 3581.

[193] Du G, Liu S, Lei N, et al. A test of environmental Kuznets curve for haze pollution in China: Evidence from the penal data of 27 capital cities [J]. Journal of Cleaner Production, 2018, 205: 821 –827.

[194] Duzgoren-Aydin N S. Sources and characteristics of lead pollution in the urban environment of Guangzhou [J]. Science of the Total Environment, 2007, 385 (1 –3): 182 –195.

[195] Fagerberg J. Technological progress, structural change and productivity growth: A comparative study [J]. Structural Change and Economic Dynamics, 2000, 11 (4): 393 –411.

[196] Feng S, Gao D, Liao F, et al. The health effects of ambient $PM_{2.5}$ and potential mechanisms [J]. Ecotoxicology and Environmental Safety, 2016, 128: 67 –74.

[197] Fisher R A. The logic of inductive inference [J]. Journal of the Royal Statistical Society, 1935, 98 (1): 39 –82.

[198] Forrester J W. Counterintuitive behavior of social systems [J]. Theory and Decision, 1971, 2 (2): 109 –140.

[199] Friedl B, Getzner M. Determinants of CO_2 emissions in a small open economy [J]. Ecological Economics, 2003, 45 (1): 133 –148.

[200] Galeotti M, Lanza A, Pauli F. Reassessing the environmental Kuznets curve for CO_2 emissions: A robustness exercise [J]. Ecological Economics, 2006, 57 (1): 152 –163.

[201] Gan Y, Liang C, Wang X, et al. Lowering carbon footprint of durum wheat by diversifying cropping systems [J]. Field Crops Research, 2011, 122 (3): 199 –206.

[202] George A. Barnett, HC/Soziologie. Encyclopedia of social networks [J]. Sage Publications Ltd, 2012: 905 –906.

[203] Gill A R, Viswanathan K K, Hassan S. The environmental Kuznets curve (EKC) and the environmental problem of the day [J]. Renewable and Sustainable Energy Reviews, 2018, 81: 1636 – 1642.

[204] Greening L A, Greene D L, Difiglio C. Energy efficiency and consumption—the rebound effect—A survey [J]. Energy Policy, 2000, 28 (6 – 7): 389 – 401.

[205] Grossman G M, Krueger A B. Economic growth and the environment [J]. The Quarterly Journal of Economics, 1995, 110 (2): 353 – 377.

[206] Grossman G M, Krueger A B. Environmental impacts of a North American Free Trade Agreement [J]. CEPR Discussion Papers, 1992, 8 (2): 223 – 250.

[207] Gylfason T, Zoega G. Natural resources and economic growth: The role of investment [J]. World Economy, 2006, 29 (8): 1091 – 1115.

[208] Hansen B E. Threshold effects in non-dynamic panels: Estimation, testing, and inference [J]. Journal of Econometrics, 1999, 93 (2): 345 – 368.

[209] Hartman R, Kwon O S. Sustainable growth and the environmental Kuznets curve [J]. Journal of Economic Dynamics and Control, 2005, 29 (10): 1701 – 1736.

[210] Hoffmann W. The pattern of industrial growth [J]. The Economics of Structural Change, 1931, 3: 3 – 37.

[211] Holdren J P, Ehrlich P R. Human population and the global environment: Population growth, rising per capita material consumption, and disruptive technologies have made civilization a global ecological force [J]. American Scientist, 1974, 62 (3): 282 – 292.

[212] Holtz-Eakin D, Selden T M. Stoking the fires? CO_2 emissions and economic growth [J]. Journal of Public Economics, 1995, 57 (1): 85 – 101.

[213] Hosseini H M, Rahbar F. Spatial environmental Kuznets curve for Asian countries: Study of CO_2 and PM_{10} [J]. Journal of Environmental Studies, 2011, 37 (58): 1 – 14.

[214] Huang J, Liu Y, Hou H, et al. Simultaneous electrochemical determination of dopamine, uric acid and ascorbic acid using palladium nanoparticle-loaded carbon nanofibers modified electrode [J]. Biosensors and Bioelectronics, 2008, 24 (4): 632 – 637.

[215] Jaeger K, Koch K J. Trade, Growth, and Economic Policy in Open Economies: Essays in Honour of Hans-Jurgen Vosgerau [M]. Springer, 1998.

[216] Jebli M B, Youssef S B, Ozturk I. Testing environmental Kuznets curve hypothesis: The role of renewable and non-renewable energy consumption and trade in OECD countries [J]. Ecological Indicators, 2016, 60: 824 – 831.

[217] John A, Pecchenino R. An overlapping generations model of growth and the environment [J]. The Economic Journal, 1994, 104 (427): 1393 – 1410.

[218] K Dong, Hochman G, Kong X, et al. Spatial econometric analysis of China's PM_{10} pollution and its influential factors: Evidence from the provincial level [J]. Ecological Indicators, 2018, 96: 317 – 328.

[219] Kaika D, Zervas E. The environmental Kuznets curve (EKC) theory. Part B: Critical issues [J]. Energy Policy, 2013, 62: 1403 – 1411.

[220] Kasman A, Duman Y S. CO_2 emissions, economic growth, energy consumption, trade and urbanization in new EU member and candidate countries: A panel data analysis [J]. Economic Modelling, 2015, 44: 97 – 103.

[221] Kaufmann R K, Davidsdottir B, Garnham S, et al. The determinants of at-

mospheric SO$_2$ concentrations: Reconsidering the environmental Kuznets curve [J]. Ecological Economics, 1998, 25 (2): 209 – 220.

[222] Kearsley A, Riddel M. A further inquiry into the pollution haven hypothesis and the environmental Kuznets curve [J]. Ecological Economics, 2010, 69 (4): 905 – 919.

[223] Khazzoom J D. The incorporation of new technologies in energy supply estimation [M]. Springer, Dordrecht, 1980: 209 – 219.

[224] Kuang C, Tang G, Jiu T, et al. Highly efficient electron transport obtained by doping PCBM with graphdiyne in planar-heterojunction perovskite solar cells [J]. Nano Letters, 2015, 15 (4): 2756 – 2762.

[225] Kumar S, Managi S. Compensation for environmental services and intergovernmental fiscal transfers: The case of India [J]. Ecological Economics, 2009, 68 (12): 3052 – 3059.

[226] Kuznets S. Quantitative aspects of the economic growth of nations: II. industrial distribution of national product and labor force [J]. Economic Development and Cultural Change, 1957, 5 (S4): 1 – 111.

[227] Kuznets S. Statistics and economic history [J]. The Journal of Economic History, 1941, 1 (1): 26 – 41.

[228] Ledyaeva S. Spatial econometric analysis of foreign direct investment determinants in Russian regions [J]. World Economy, 2010, 32 (4): 643 – 666.

[229] Li Z, Shao S, Shi X, et al. Structural transformation of manufacturing, natural resource dependence, and carbon emissions reduction: Evidence of a threshold effect from China [J]. Journal of Cleaner Production, 2018, 206 (PT1 – 1156): 920 – 927.

[230] Liddle B. Urban density and climate change: A STIRPAT analysis using cit-

y-level data [J]. Journal of Transport Geography, 2013, 28: 22 – 29.

[231] List J A, Co C Y. The effects of environmental regulations on foreign direct investment [J]. Journal of Environmental Economics and Management, 2000, 40 (1): 1 – 20.

[232] List J A, Gallet C A. The environmental Kuznets curve: Does one size fit all? [J]. Ecological Economics, 1999, 31 (3): 409 – 423.

[233] Liu K, Lin B. Research on influencing factors of environmental pollution in China: A spatial econometric analysis [J]. Journal of Cleaner Production, 2019, 206: 356 – 364.

[234] Lopez R, Mitra S. Corruption, pollution, and the Kuznets environment curve [J]. Journal of Environmental Economics and Management, 2000, 40 (2): 137 – 150.

[235] Lutz C, Meyer B, Nathani C, et al. Endogenous technological change and emissions: The case of the German steel industry [J]. Energy Policy, 2005, 33 (9): 1143 – 1154.

[236] MacKerron G, Mourato S. Life satisfaction and air quality in London [J]. Ecological Economics, 2009, 68 (5): 1441 – 1453.

[237] Maddison A. Growth and slowdown in advanced capitalist economies: Techniques of quantitative assessment [J]. Journal of Economic Literature, 1987, 25 (2): 649 – 698.

[238] Maddison D. Environmental Kuznets curves: A spatial econometric approach [J]. Journal of Environmental Economics & Management, 2006, 51 (2): 218 – 230.

[239] Martínez-Zarzoso I, Bengochea-Morancho A, Morales-Lage R. The impact of population on CO_2 emissions: Evidence from European countries [J]. Environmental and Resource Economics, 2007, 38 (4): 497 – 512.

［240］ Martínez-Zarzoso I, Maruotti A. The impact of urbanization on CO_2 emissions: Evidence from developing countries ［J］. Ecological Economics, 2011, 70 (7): 1344 – 1353.

［241］ Meadows D H, Meadows D L, Randers J, et al. The limits to growth ［J］. New York, 1972, 102 (1972): 27.

［242］ Meifeng Z, Qinglong W, Huaming Z, et al. The threshold effect of rationalization of industrial structure on air quality in Shanxi province ［J］. Journal of Resources and Ecology, 2020, 11 (2): 206 – 212.

［243］ Miah M D, Masum M F H, Koike M. Global observation of EKC hypothesis for CO_2, SO_x and NO_x emission: A policy understanding for climate change mitigation in Bangladesh ［J］. Energy Policy, 2010, 38 (8): 4643 – 4651.

［244］ Mingsheng C, Yulu G. The mechanism and measures of adjustment of industrial organization structure: The perspective of energy saving and emission reduction ［J］. Energy Procedia, 2011 (5): 2562 – 2567.

［245］ Olson M. The logic of collective action: Public goods and the theory of groups, second printing with a new preface and appendix ［M］. Cambridge Harvard University Press, 2009.

［246］ Oosterhaven J, Broersma L. Sector structure and cluster economies: A decomposition of regional labour productivity ［J］. Regional Studies, 2007, 41 (5): 639 – 659.

［247］ Panayotou T. Demystifying the environmental Kuznets curve: Turning a black box into a policy tool ［J］. Environment & Development Economics, 1997, 2 (4): 465 – 484.

［248］ Panayotou T. Empirical tests and policy analysis of environmental degradation at different stages of economic development ［R］. International Labour

Organization, 1993.

[249] Park S, Lee Y. Regional model of EKC for air pollution: Evidence from the Republic of Korea [J]. Energy Policy, 2011, 39 (10): 5840 – 5849.

[250] Peneder M. Industrial structure and aggregate growth [J]. Structural Change and Economic Dynamics, 2003, 14 (4): 427 – 448.

[251] Pigou A C. Unrequited imports [J]. The Economic Journal, 1950, 60 (238): 241 – 254.

[252] Poon J P H, Casas I, He C. The impact of energy, transport, and trade on air pollution in China [J]. Eurasian Geography and Economics, 2006, 47 (5): 568 – 584.

[253] Poumanyvong P, Kaneko S. Does urbanization lead to less energy use and lower CO_2 emissions? A cross-country analysis [J]. Ecological Economics, 2010, 70 (2): 434 – 444.

[254] Rostow E V. The Lawyer and His Client [J]. American Bar Association Journal, 1962, 48 (1): 25 – 30.

[255] Rupasingha A, Goetz S J, Debertin D L, et al. The environmental Kuznets curve for US counties: A spatial econometric analysis with extensions [J]. Papers in Regional Science, 2010, 83 (2): 407 – 424.

[256] Shao S, Yang L, Yu M, et al. Estimation, characteristics, and determinants of energy-related industrial CO_2 emissions in Shanghai (China), 1994 – 2009 [J]. Energy Policy, 2011, 39 (10): 6476 – 6494.

[257] Shao S, Yang L. Natural resource dependence, human capital accumulation, and economic growth: A combined explanation for the resource curse and the resource blessing [J]. Energy Policy, 2014, 74: 632 – 642.

[258] Shi L, Zanobetti A, Kloog I, et al. Low-concentration $PM_{2.5}$ and mortality: Estimating acute and chronic effects in a population-based study [J].

Environmental Health Perspectives, 2016, 124 (1): 46 –52.

[259] Stern D I, Common M S. Is there an environmental Kuznets curve for sulfur? [J]. Journal of Environmental Economics and Management, 2001, 41 (2): 162 –178.

[260] Stokey N L. Are there limits to growth? [J]. International Economic Review, 1998: 1 –31.

[261] Syrquin M, Chenery H. Three decades of industrialization [J]. The World Bank Economic Review, 1989, 3 (2): 145 –181.

[262] Teece D J. Firm organization, industrial structure, and technological innovation [J]. Journal of Economic Behavior & Organization, 1996, 31 (2): 193 –224.

[263] Thunen J H. The Isolated state in relation to agriculture and political economy: Principles for the determination of rent, the most advantageous rotation period and value of stands of varying age in pinewoods [R]. New York, US: Palgrave Macmillan, 2009.

[264] Tichy G. Innovation, product life cycle and diffusion: Vernon and beyond [M]//Handbook of Regional Innvation and Growth. Cheltenham: Edward Elgar, 2011: 67 –77.

[265] Ullman E L. American commodity flow [M]. Seattle: University of Washington Press, 1957: 60 –73.

[266] Wang C, Wang R, Hertwich E, et al. A technology-based analysis of the water-energy-emission nexus of China's steel industry [J]. Resources, Conservation and Recycling, 2017, 124: 116 –128.

[267] Wang Q, Wang L. The nonlinear effects of population aging, industrial structure, and urbanization on carbon emissions: A panel threshold regression analysis of 137 countries [J]. Journal of Cleaner Production, 2021,

287: 125381.

[268] Wang R, Zameer H, Feng Y, et al. Revisiting Chinese resource curse hypothesis based on spatial spillover effect: A fresh evidence [J]. Resources Policy, 2019, 64: 101521.

[269] Wang Z, Sun Y, Wang B. How does the new-type urbanisation affect CO_2 emissions in China? An empirical analysis from the perspective of technological progress [J]. Energy Economics, 2019, 80: 917 - 927.

[270] Zhang C, Lin Y. Panel estimation for urbanization, energy consumption and CO_2 emissions: A regional analysis in China [J]. Energy Policy, 2012, 49: 488 - 498.

[271] Zhang L, Ma L. The relationship between industrial structure and carbon intensity at different stages of economic development: An analysis based on a dynamicthreshold panel model [J]. Environmental Science and Pollution Research, 2020, 27 (26): 33321 - 33338.

[272] Zhang M, Sun X, Wang W. Study on the effect of environmental regulations and industrial structure on haze pollution in China from the dual perspective of independence and linkage [J]. Journal of Cleaner Production, 2020, 256 (1): 120748.

[273] Zhang W, Li G. Analysis on carbon emission reduction effect of heterogeneous technological progress [J]. Science of Science and Management of S. & T. , 2015, 36 (9): 54 - 61.

[274] Zhang Z, Shao C, Guan Y, et al. Socioeconomic factors and regional differences of $PM_{2.5}$ health risks in China [J]. Journal of Environmental Management, 2019, 251: 109564.

[275] Zheng Y, Peng J, Xiao J, et al. Industrial structure transformation and provincial heterogeneity characteristics evolution of air pollution: Evidence

of a threshold effect from China [J]. Atmospheric Pollution Research, 2020, 11 (3): 598 – 609.

[276] Zhou P, Guo J, Zhou X, et al. PM$_{2.5}$, PM$_{10}$ and health risk assessment of heavy metals in a typical printed circuitnoards manufacturing workshop [J]. Journal of Environmental Sciences, 2014, 26 (10): 2018 – 2026.

[277] Zhou X, Zhang J, Li J. Industrial structural transformation and carbon dioxide emissions in China [J]. Energy Policy, 2013, 57: 43 – 51.

[278] Zhu Y, Wang Z, Yang J, et al. Does renewable energy technological innovation control China's air pollution? A spatial analysis [J]. Journal of Cleaner Production, 2020, 250: 119515.